Ton Nouveau Chemin

Frédéric Eeckman

Ton Nouveau Chemin
Reconstruire Sa Vie Après les Traumatismes de l'Enfance

Développement personnel

En application de l'art. L.137-2.-I. du code de la propriété intellectuelle, toute reproduction et/ou divulgation de parties de l'oeuvre dépassant le volume prévu par la loi est expressément interdite.

© Frédéric Eeckman, 2025

Édition : BoD · Books on Demand, 31 avenue Saint-Rémy, 57600 Forbach, bod@bod.fr

Impression : Libri Plureos GmbH, Friedensallee 273, 22763 Hamburg (Allemagne)

ISBN : 978-2-3225-7431-5
Dépôt légal : Juin 2025

Pour tous ceux qui veulent enfin souffler,
Pour tous les enfants apeurés qui ont vécu en nous.

Préface : Des Cendres à l'Aube – Un Chemin, Votre Boussole

Chère lectrice, cher lecteur,

Il est des livres qui naissent d'une simple idée, et d'autres qui jaillissent d'une nécessité profonde, d'une impulsion irrépressible à partager ce qui a été appris dans les recoins les plus exigeants de l'existence. Ce guide que vous tenez entre les mains appartient à cette seconde catégorie. Il est le fruit d'un cheminement personnel, long et parfois douloureux, mais qui, paradoxalement, m'a mené vers une lumière et une plénitude insoupçonnées. Ce n'est pas une simple compilation de théories, mais le récit d'une transformation, l'écho d'une voix qui a traversé le tumulte et souhaite désormais éclairer les pas de ceux qui cheminent à leur tour.

La Genèse d'une Quête : De l'Ombre à la Réalisation

Pendant de nombreuses années, j'ai vécu dans une sorte de voile gris. Mon enfance a été marquée par des **traumatismes** et des situations qu'aucun enfant ne devrait jamais vivre. Ces expériences, bien que profondément douloureuses, ont forgé en moi une quête insatiable de compréhension et de guérison. Je me suis alors tourné vers la lecture et la recherche, explorant les mécanismes de l'esprit humain, les blessures qu'il encaisse et la manière dont il tente de les réparer. Cette soif de savoir n'était pas seulement une échappatoire ; elle est devenue un outil essentiel pour apprendre à mieux me comprendre, à décrypter les situations complexes, et à entamer mon propre chemin de guérison.

Ce parcours m'a enseigné une vérité fondamentale : le pardon est un acte de libération personnelle. Non pas pour l'autre, mais pour soi-même. J'ai appris à ne garder que ce qui est positif, à ne pas encombrer mon esprit d'un fardeau inutile. C'est de cette transformation que jaillit le désir d'écrire ces pages, pour partager les lumières que j'ai trouvées sur mon propre chemin.

Une Boussole pour des Chemins Infinis : Mon Expérience, Votre Lumière

Il est essentiel de le souligner : il existe des milliards de chemins possibles vers la lumière, autant que d'étoiles dans le ciel, autant que d'individus sur cette Terre. Chaque parcours est d'une singularité absolue, tissé de fils uniques, d'expériences irremplaçables, de blessures propres et de forces insoupçonnées. Ce qui résonne pour l'un sera une dissonance pour l'autre. Ce qui apaise une âme pourra laisser une autre indifférente.

L'objectif de cet ouvrage n'est pas de vous donner une feuille de route rigide à suivre pas à pas, mais d'offrir un éventail de pistes, de réflexions, d'outils et de perspectives qui m'ont personnellement aidé à décortiquer mes propres traumatismes et à avancer. Ce livre est le reflet de mon cheminement, et je le partage humblement, espérant qu'il puisse vous éclairer à votre tour.

Ceci n'est en aucun cas un livre de psychologie clinique, ni une thérapie. Il ne se substitue absolument pas à l'avis ou au suivi d'un professionnel de la santé mentale. Chaque personne devra trouver ses propres ressources, que ce soit en elle-même ou auprès d'un thérapeute, psychologue, ou tout autre professionnel. Les exemples et les cas concrets présentés dans ce livre sont purement illustratifs ; ils ne sont pas des cas réels, mais des constructions destinées à rendre les concepts plus clairs et à favoriser l'identification.

Mon espoir le plus cher est que vous puissiez piocher ici, au gré de vos besoins et de vos intuitions, les mots qui vous éclairent, les exercices qui vous libèrent, les concepts qui vous parlent. Mon plus grand souhait est que vous y trouviez un peu de lumière, une étincelle qui vous aidera à allumer votre propre phare intérieur et à comprendre que vous n'êtes pas seul(e) face à ces blessures.

Pour vous accompagner dans cette exploration, j'ai choisi de donner à chaque chapitre une structure similaire. Ce repère, cette constance dans la présentation des idées, vise à vous offrir un moment d'ordre au milieu du chaos que peuvent parfois représenter la découverte et le traitement des blessures intérieures.

Aujourd'hui, je vais **VRAIMENT bien**. Je vous le dis avec une conviction profonde : si j'ai pu y arriver, vous avez sûrement la résilience nécessaire pour y arriver aussi. Soyez simplement bienveillant avec vous-même, et osez croire en votre propre capacité à guérir.

Chapitre 1 : Les Empreintes de l'Enfance : Quand les Racines Tremblent

Nous voilà au seuil de notre exploration, et nous allons commencer par le tout début, ce moment si fondateur de nos vies : l'enfance. Imaginez-la comme le jardin secret de votre âme, l'endroit où se plante la toute première graine de qui vous êtes. C'est là que se tissent, invisibles, les fils de votre personnalité, la façon dont vous allez voir le monde, réagir à ce qui vous arrive. Pensez à ce terreau : s'il est gorgé de sécurité, de bienveillance, d'un soutien inconditionnel, l'enfant s'épanouit, il grandit en confiance, sûr de ses racines.

Mais parfois, les fondations de ce jardin tremblent. Des dynamiques familiales compliquées, des manques, des négligences, ou des souffrances répétées y laissent des empreintes profondes. Ces blessures de l'enfance ne sont pas de simples égratignures passagères. Non, elles agissent comme de véritables filtres qui déforment votre vision de la vie, influençant sans que vous le sachiez vos choix, vos relations, et même votre capacité à simplement être heureux aujourd'hui.

Ce chapitre, nous allons l'explorer ensemble. Mon intention n'est absolument pas de vous juger ou de stigmatiser votre passé. Au contraire, il est là pour vous aider à comprendre ces blessures fondamentales – peut-être l'abandon, le rejet, l'humiliation, la trahison ou l'injustice. Car, voyez-vous, comprendre d'où viennent ces maux, et comment ils se manifestent en vous aujourd'hui, c'est la toute première étape, celle qui ouvre la voie pour dénouer ces vieux fils de souffrance et commencer, enfin, à tisser votre nouveau chemin.

1.1 L'Atmosphère Familiale : Première École de la Réalité

Votre foyer familial, au tout début de votre vie, était votre premier laboratoire social. C'est là, dans cette microsociété originelle, que se sont forgées vos toutes premières notions de sécurité, d'attachement et de valeur personnelle. C'est au sein de cet espace que vous avez appris, sans même vous en rendre compte, les rudiments des interactions humaines : comment communiquer, comment réguler vos émotions, et comment construire qui vous êtes.

Cependant, il arrive que cet environnement soit marqué par des dynamiques parentales dysfonctionnelles. Quand c'est le cas, la réalité que l'enfant perçoit se complexifie à l'extrême. Ce qui devrait être un refuge devient alors une source de confusion profonde et de détresse.

Imaginez une dynamique où un parent exerce une autorité tyrannique. Souvent, cette attitude découle de ses propres souffrances non résolues, de ses traumatismes, ou d'une incapacité à gérer ses émotions. Ce parent peut se montrer imprévisible, exigeant à l'excès, constamment critique, voire verbalement ou émotionnellement cruel. L'enfant, qui par nature dépend de ses parents et cherche désespérément leur approbation, se retrouve alors dans une position terriblement vulnérable, constamment sur le qui-vive, marchant sur des œufs.

Face à cette figure dominante, l'autre parent peut, malheureusement, adopter une posture de retrait, de soumission, ou d'impuissance. Cela crée un déséquilibre douloureux : l'enfant est privé d'un contrepoids protecteur, d'une épaule sur laquelle s'appuyer, et d'un modèle de relation saine. Cette absence de protection ou de médiation force l'enfant à s'adapter à une réalité où la sécurité est conditionnelle, où l'amour semble potentiellement transactionnel, donné en échange de quelque chose.

L'une des conséquences les plus insidieuses et les plus lourdes de cette dynamique est l'intériorisation d'une culpabilité omniprésente. Dans sa pensée naturellement égocentrique, l'enfant interprète souvent les malheurs, les tensions, ou même la tristesse de ses parents comme étant de sa faute. Des pensées inconscientes peuvent s'installer, comme : "Si maman est triste, c'est parce que je n'ai pas été assez sage", ou "Si papa est en colère, c'est à cause de moi". Ce message, qu'il soit explicite ou implicite, s'ancre profondément en lui, le transformant en un réceptacle silencieux des frustrations parentales. Cette charge émotionnelle, bien trop lourde pour de petites épaules, ronge progressivement l'estime de soi naissante. Elle programme l'individu à se sentir intrinsèquement défectueux, responsable du bonheur ou du malheur d'autrui. Le sentiment de ne jamais être assez bien devient alors une mélodie de fond, une petite voix constante qui accompagnera souvent la personne bien au-delà de l'enfance.

Parallèlement à ces dynamiques relationnelles, l'environnement physique du foyer joue aussi un rôle crucial. Un domicile qui n'est pas entretenu, où le désordre s'accumule de manière significative (cela peut aller jusqu'à un début de syndrome de Diogène, où l'accumulation compulsive rend l'espace insalubre et invivable), renforce le sentiment de chaos et d'insécurité. Un enfant a besoin d'un espace propre, ordonné, et stimulant pour son développement cognitif et émotionnel. L'impossibilité d'avoir un coin tranquille pour étudier, jouer, ou simplement se reposer, entrave non seulement la scolarité, mais aussi la capacité à se créer un espace mental de paix. L'esprit est en permanence en alerte, incapable de se détendre ou de se concentrer sur autre chose que la gestion du désordre ou l'anticipation de la prochaine crise. Cette atmosphère de négligence et de confusion physique est une métaphore tangible de l'instabilité émotionnelle ambiante, privant l'enfant du sentiment fondamental d'être en sécurité dans son propre environnement.

En lisant, vous pourriez reconnaître certains de ces échos dans votre vie adulte. Peut-être avez-vous développé une **hypervigilance**, une sensibilité accrue aux signaux de "danger", scannant constamment l'environnement et les visages pour anticiper les réactions des autres ou les tensions invisibles. Peut-être avez-vous une **difficulté à réguler vos émotions**, oscillant entre un repli sur vous-même et, parfois, des explosions de colère que vous ne comprenez pas. Cette instabilité initiale peut aussi avoir créé une **anxiété d'attachement**, une peur constante de l'abandon, un besoin excessif de validation, ou à l'inverse, un style d'attachement évitant, une difficulté à faire confiance et à vous engager pleinement. Enfin, il est possible que le monde extérieur ait été perçu, inconsciemment, comme une extension de votre foyer, un lieu où la sécurité est précaire et où vous devez constamment vous protéger.

Exercice pratique : La Carte de l'Atmosphère Familiale

Prenez un carnet et un stylo, trouvez un endroit calme. Dessinez un cercle au centre d'une page et écrivez "Mon Foyer d'Enfance". Autour de ce cercle, dessinez des bulles. Dans chaque bulle, écrivez des mots ou des phrases qui décrivent l'atmosphère dominante que vous avez ressentie pendant votre enfance. Pensez par exemple à une "Tension constante", un "Silence pesant", une "Critique omniprésente", un "Désordre ou négligence", une "Imprévisibilité", un "Manque d'affection", ou une "Peur sous-jacente". Pour chaque bulle, notez une émotion que cela vous faisait ressentir à l'époque : de la tristesse, une colère rentrée, de la confusion, de la honte, de la solitude.

L'objectif de cet exercice est de vous aider à objectiver et à nommer les dynamiques de votre passé sans jugement. Il vous permet de prendre conscience de l'impact de cet environnement sur votre psyché sans vous y enliser. En visualisant ces éléments, vous commencez à les dépersonnaliser. Vous réaliserez que ce n'était pas votre faute, mais le reflet d'une atmosphère. C'est le premier pas vers la libération de la culpabilité et la reconnaissance que ces schémas ne sont pas votre essence, mais des adaptations à un environnement donné.

1.2 Le Fardeau de la Culpabilité et ses Ramifications Psychologiques

La culpabilité, lorsqu'elle vous a été instillée de manière chronique et injustifiée durant l'enfance, se mue en un fardeau psychologique d'une immense lourdeur. Elle ne se limite plus au simple regret d'une action, mais devient une véritable **culpabilité existentielle** : une conviction profonde que vous êtes intrinsèquement fautif, responsable du malheur ou des problèmes d'autrui. Cette intériorisation est particulièrement dévastatrice, car elle se produit à un âge où l'enfant n'a pas encore les capacités cognitives pour distinguer sa propre responsabilité de celle de ses parents. Pour un enfant, tout est lié à lui.

Cette culpabilité a pu s'ancrer en vous de plusieurs manières, parfois subtiles, parfois très directes. Peut-être avez-vous entendu des phrases explicites, des attaques directes à votre estime de soi, comme : "C'est de ta faute si je suis malheureux(se)" ou "Tu me rends la vie impossible". Ces mots sont des flèches qui touchent directement l'identité naissante, laissant des cicatrices profondes. À l'âge adulte, cela peut se manifester par une difficulté à vous sentir digne d'amour ou de succès, comme si vous deviez toujours payer une dette invisible.

Mais parfois, ce ne sont pas les mots, mais des soupirs, des regards désapprobateurs, des silences pesants, ou des manifestations de mal-être parental qui sont inconsciemment associés par l'enfant à sa propre présence ou à ses actions. Ces signes non verbaux peuvent être tout aussi puissants que les mots, vous laissant dans un flou où vous vous sentez constamment en faute sans comprendre pourquoi. Vous avez pu apprendre à marcher sur des œufs, à anticiper les humeurs des autres pour éviter de déclencher leur déplaisir, renforçant l'idée que vous êtes la cause de leur souffrance.

Il est aussi possible que, enfant, vous ayez été forcé(e) d'assumer des responsabilités émotionnelles qui ne vous incombaient pas. Être le confident du parent malheureux, le médiateur des conflits conjugaux, ou le petit adulte de la maison. En étant ainsi "parentifié", vous avez pu intégrer l'idée que vous deviez réparer la famille ou maintenir son équilibre, renforçant le poids de la culpabilité. Vous avez appris que votre rôle était de prendre soin des autres, souvent au détriment de vos propres besoins d'enfant.

Pour éviter le blâme et la douleur, vous avez peut-être tenté d'être irréprochable, cherchant à tout prix à répondre à des attentes inatteignables. Ce **perfectionnisme**, loin d'être une force, est devenu une source d'anxiété, de pression constante et d'épuisement. La moindre erreur était perçue comme la preuve de votre culpabilité intrinsèque et la confirmation que vous n'êtes pas "assez bien". Cela peut vous conduire aujourd'hui à une peur paralysante de l'échec et à une difficulté à prendre des risques.

Les ramifications de cette culpabilité installée sont nombreuses et peuvent se manifester de diverses manières à l'âge adulte. Peut-être avez-vous grandi avec une **estime de soi fragilisée**, vous sentant indigne d'amour, de succès ou de bonheur. Vous avez peut-être du mal à accepter les compliments et à reconnaître vos propres réussites, les attribuant à la chance plutôt qu'à vos mérites, ou pensant que vous ne les méritez pas réellement.

Cette culpabilité inconsciente peut aussi vous pousser à **l'autosabotage**, vous punissant vous-même pour des fautes que vous croyez avoir commises. Cela peut se manifester par des échecs répétés dans des domaines importants de votre vie, le maintien de relations toxiques par un sentiment de ne pas mériter mieux, ou des comportements autodestructeurs, comme le fait de ne pas prendre soin de votre santé, de ne pas vous reposer, de vous mettre en danger.

La peur de déplaire ou de blesser les autres, et d'être à nouveau coupable de leur malheur, vous empêche peut-être de **poser des limites saines** dans vos relations. Vous devenez alors vulnérable à l'exploitation, à la surcharge émotionnelle ou physique, et ne parvenez pas à dire non à ce qui vous dessert, vous sentant redevable ou responsable des sentiments d'autrui. Vous avez tendance à prendre sur vous la **responsabilité des problèmes d'autrui**, même quand vous n'êtes pas concerné(e), par un réflexe de sauveur ou de réparateur, oubliant vos propres besoins et vous sacrifiant souvent au passage.

Le poids constant de la culpabilité peut être un facteur majeur dans le développement de troubles anxieux ou dépressifs, car l'esprit est constamment en état de jugement interne, ruminant des scénarios de faute et d'échec. Cette rumination mentale est épuisante et vous maintient dans un cycle négatif. Enfin, vous pouvez vous sentir mal à l'aise de **recevoir de l'aide, de l'amour ou des cadeaux**, car vous ne vous sentez pas méritant(e). Vous avez l'impression de devoir toujours rendre ou compenser, ce qui rend difficile la simple acceptation de la bienveillance sans se sentir redevable.

La culpabilité toxique n'est pas une vérité sur votre valeur intrinsèque, mais une empreinte émotionnelle. Elle est le reflet de la souffrance de l'autre, projetée sur vous. Reconnaître cela est la première étape pour la défaire. Vous n'êtes pas responsable du bonheur d'autrui, et vous avez le droit d'être heureux sans vous sentir coupable.

Exercice pratique : Le Journal de la Culpabilité

Pendant une semaine, tenez un journal dédié à la culpabilité. Chaque fois que vous ressentirez une pointe de culpabilité – pour une petite chose, pour un choix, pour une émotion – prenez le temps de noter :

- **La situation :** Qu'est-ce qui s'est passé concrètement ?
- **La pensée coupable :** Quelle est la phrase exacte que vous vous dites à ce moment-là ? Cela pourrait être : "Je n'aurais pas dû dire ça", "Je suis égoïste de penser à moi", ou "C'est ma faute si [une personne] est triste".
- **L'émotion associée :** Qu'avez-vous ressenti ? De la tristesse, de la colère, de la honte, de l'anxiété ?
- **La source probable :** Cette pensée vient-elle d'une voix intérieure critique ? Est-ce un écho du passé ? Une phrase que vous avez souvent entendue ?
- **La contre-affirmation :** Reformulez la pensée de manière neutre, réaliste ou bienveillante. Par exemple : "J'ai exprimé mon besoin, c'est légitime et je le fais avec respect" ou "J'ai fait de mon mieux dans cette situation, je suis humain et j'ai le droit à l'erreur".

Cet exercice vise à déconstruire les schémas de pensée automatiques liés à la culpabilité et à les remplacer par des pensées plus réalistes et bienveillantes envers vous-même. En objectivant la culpabilité, vous la séparez de votre identité profonde. Vous réaliserez que ce sont des conditionnements, pas des vérités. Cela affaiblira progressivement son emprise et renforcera votre capacité à vous traiter avec compassion et justice.

1.3 Les Germes de la Résilience : Lumières dans l'Ombre et Soutiens Fortuits

Même au sein des environnements les plus éprouvants et les plus carencés, la psyché humaine possède une capacité incroyable à chercher la lumière, à s'adapter et à développer des stratégies de survie. C'est dans ces périodes d'adversité que les premiers **germes de la résilience** peuvent se former. La résilience n'est pas l'absence de blessures, mais la capacité à les surmonter, à se reconstruire et à se développer malgré elles. Ce n'est pas une qualité réservée à quelques-uns, mais une force qui sommeille en chacun de nous, et qui a souvent été activée bien plus tôt que vous ne le pensez.

Ces "lumières dans l'ombre" sont des points de réconfort, des figures de soutien imprévues, ou des expériences correctives qui, bien que parfois fugaces, sont vitales pour l'enfant qui navigue un quotidien difficile. Elles sont comme de petites bougies allumées dans le noir, vous rappelant qu'il existe d'autres chemins, d'autres façons d'être, et que vous n'êtes pas seul(e) face à l'adversité.

Ces sources de résilience précoce peuvent prendre différentes formes. Parfois, c'est la **figure d'attachement secondaire** qui fait toute la différence. En l'absence d'un attachement sécurisant avec les parents primaires, la présence d'une figure protectrice au sein de la fratrie ou d'un membre de la famille élargie – un grand-parent, une tante, un oncle – peut être un facteur de résilience majeur. Cette personne offre un espace de sécurité, d'écoute et de validation inconditionnelle. Elle incarne un modèle de relation saine, basée sur la bienveillance et le respect, contrastant fortement avec les dynamiques toxiques du foyer principal. Pour l'enfant, ce lien privilégié est une véritable bouée de sauvetage émotionnelle ; il lui permet de ne pas se sentir totalement isolé et de préserver une étincelle de sa propre valeur et de sa dignité. C'est une expérience corrective qui peut commencer à déprogrammer les croyances négatives sur les relations et l'amour, et qui montre qu'une autre forme de connexion est possible.

Vous vous souvenez peut-être d'une grand-mère qui, malgré le chaos familial, prenait toujours le temps de vous écouter sans jugement, de vous raconter des histoires, créant un havre de paix où vous pouviez souffler. Ou peut-être un grand frère ou une grande sœur qui, par sa simple présence protectrice, vous offrait un sentiment de sécurité face à un parent imprévisible, devenant un allié silencieux.

Au-delà du cercle familial direct, des **alliés extérieurs** peuvent apparaître dans votre vie d'enfant. Il peut s'agir d'un enseignant attentif qui détecte une détresse et offre un soutien scolaire ou émotionnel en dehors du cadre strict de la classe, d'un voisin qui propose un espace de jeu ou d'écoute sans jugement, d'un ami d'enfance qui offre une complicité et un sentiment d'appartenance vital, ou même d'un entraîneur sportif qui encourage et valorise vos efforts. Ces interactions, même sporadiques, sont des fenêtres précieuses sur un monde où la cruauté n'est pas la seule norme, où la gentillesse, la reconnaissance et l'acceptation sont possibles. Elles nourrissent un espoir latent et vous ont permis de développer une capacité intuitive à identifier les sources de bien-être et de sécurité en dehors du foyer immédiat.

Prenons un exemple : une bibliothécaire, Madame Dubois, qui, voyant un enfant souvent seul et le nez dans les livres, lui recommande des récits qui deviennent ses meilleurs amis, lui offrant un monde d'évasion et de connaissance où il se sent accepté pour son intelligence et sa curiosité. Ou cet ami qui, en partageant des moments simples et joyeux, montre à l'enfant que le bonheur existe aussi, au-delà des murs de sa maison.

Pour certains, la résilience se construit également à travers des **espaces de refuge et d'évasion**, des bulles où l'âme pouvait respirer. Cela peut être la lecture passionnée qui ouvre des mondes imaginaires infinis, la musique qui permet d'exprimer des émotions inexprimables, la pratique artistique (dessin, écriture, danse) qui offre une voie d'expression créative et libératrice, la connexion avec la nature (un coin de jardin, une forêt proche) qui procure un sentiment de paix et de liberté, ou même des mondes imaginaires construits dans l'esprit. Ces activités, loin d'être une fuite stérile, sont des moyens puissants de préserver sa santé mentale, de développer des compétences internes, de se sentir compétent(e) et de cultiver des ressources intérieures. Elles créent un sanctuaire où l'enfant peut être lui-même, loin du chaos ou du jugement.

Considérons le cas suivant : une jeune personne qui, pour échapper aux disputes parentales, se réfugie dans les bandes dessinées sous sa couette, trouvant un refuge dans les aventures de ses héros. Ou celle qui passait des heures à dessiner dans un coin tranquille, se sentant pleinement vivante et créative pour la première fois, oubliant un instant la réalité de son quotidien.

Ces soutiens précoces ont eu des bénéfices importants dans votre vie. Même si l'attachement primaire était insécurisant, la présence d'une figure d'attachement secondaire vous a offert une base pour développer des **relations plus saines** à l'avenir. Cela vous a montré qu'il est possible de faire confiance et d'être aimé. Recevoir de l'attention et de la validation d'une personne extérieure au système dysfonctionnel vous a aidé(e) à vous percevoir différemment, comme **digne d'intérêt, d'affection et de respect**. Ces petites validations sont des germes essentiels pour l'estime de soi future. Interagir avec des figures bienveillantes et des pairs positifs vous a permis d'acquérir des **compétences sociales et émotionnelles** cruciales (empathie, communication, résolution de problèmes) qui n'auraient pas pu être développées dans le foyer. Ces lumières dans l'ombre ont nourri l'espoir qu'un avenir meilleur est possible et que la situation actuelle n'est pas une fatalité. Elles ont planté la graine de l'idée que la vie peut offrir autre chose que la souffrance connue. Enfin, l'expérience d'avoir reçu de l'aide renforce la **capacité à chercher du soutien** plus tard dans la vie, brisant ainsi le cycle de l'isolement. Vous avez déjà, inconsciemment, développé cette capacité.

La résilience n'est pas une qualité innée chez quelques élus, mais une capacité qui se construit à travers les interactions et les expériences. Chaque acte de bienveillance reçu, même minime, est une brique dans la construction de cette force intérieure qui vous a permis de traverser les épreuves. Reconnaître ces "lumières" du passé, même si elles vous semblent insignifiantes au premier abord, permet de valoriser les ressources qui vous ont permis de survivre et d'entamer votre chemin de guérison aujourd'hui. Elles sont la preuve que la force est en vous.

Exercice pratique : La Constellation des Alliés

Sur une feuille de papier, dessinez-vous au centre. Autour de vous, dessinez des étoiles de différentes tailles. Dans chaque étoile, écrivez le nom ou la description d'une personne (ou même d'une activité, d'un livre, d'un lieu, d'un animal de compagnie) qui vous a apporté du réconfort, du soutien, de la joie ou une échappatoire positive durant votre enfance ou adolescence. Ne sous-estimez aucune de ces "lumières".

Pour chaque étoile, notez spécifiquement ce que cette personne ou cette activité vous a apporté. Par exemple : "écoute sans jugement", "sécurité silencieuse", "rire libérateur", "compréhension des non-dits", "un espace pour rêver et créer", "le sentiment d'être vu et aimé". Prenez un moment pour réfléchir : comment ces "lumières" ont-elles influencé votre capacité à aller de l'avant ? Quel rôle ont-elles joué dans votre survie émotionnelle et dans le fait que vous êtes ici, aujourd'hui, en train de lire ces lignes ?

Si vous le souhaitez et vous sentez en confiance, partager cette constellation avec une personne de confiance dans votre vie actuelle peut renforcer encore plus son impact et vous aider à ancrer cette reconnaissance.

Cet exercice vise à mettre en lumière les ressources et les soutiens qui ont existé, même dans les périodes les plus difficiles de votre enfance. Cela permet de contrer la narration de l'isolement total et de reconnaître votre propre capacité à chercher et à recevoir de l'aide. En réalisant cette constellation, vous renforcez un sentiment de gratitude et de reconnaissance pour les forces qui ont été présentes, même de manière discrète. Il vous aidera à voir le passé non pas comme une période de pure souffrance, mais comme un chemin où des ressources ont été mobilisées, souvent de manière inconsciente, et qui vous ont permis d'arriver jusqu'à ce point. Cela renforce la conviction profonde que vous avez toujours eu en vous la capacité de chercher et de trouver du soutien, et que cette force est toujours là, prête à être utilisée aujourd'hui.

1.4 L'Enfant Intérieur : Peur, Isolement et Mécanismes de Défense

Lorsque l'environnement familial est marqué par l'insécurité, le jugement constant ou la négligence émotionnelle, l'enfant que vous étiez a naturellement développé des stratégies d'adaptation pour se protéger. Ces **mécanismes de défense**, bien que tout à fait nécessaires pour votre survie psychologique à l'époque, peuvent devenir de véritables entraves à l'âge adulte, limitant votre épanouissement et votre capacité à établir des relations saines et authentiques. L'**enfant intérieur apeuré** est cette part de vous qui, restée figée dans la peur et l'isolement du passé, continue aujourd'hui d'influencer vos réactions et vos choix présents.

Les manifestations de votre enfant intérieur apeuré sont variées. L'une des stratégies les plus courantes est le **repli sur soi et la timidité**, comme une carapace invisible qui se forme autour de votre être. L'enfant apprend à minimiser sa présence, à se faire oublier, à ne pas attirer l'attention (qu'elle soit positive ou négative), car toute visibilité peut potentiellement entraîner un reproche, une critique ou une déception. La timidité, dans ce contexte, n'est pas un simple trait de caractère, mais un véritable mécanisme de survie. Elle se manifeste par une difficulté à initier des interactions sociales, à s'exprimer librement, et à s'intégrer pleinement dans les groupes de pairs. Cette timidité, souvent mal interprétée par les autres comme de l'arrogance ou de l'indifférence, peut entraîner un isolement social, renforçant la conviction intime d'être différent, pas à votre place ou pas assez bien.

La **peur du jugement et du rejet** s'ancre profondément. Les moqueries ou le rejet de la part des camarades d'école ou d'autres sphères sociales n'ont fait que renforcer cette croyance sous-jacente en votre propre indignité. Chaque expérience de rejet est venue valider le message implicite reçu dans l'enfance : "Vous n'êtes pas digne d'être aimé ou accepté tel que vous êtes." Cette peur peut devenir paralysante, vous empêchant de prendre des risques, d'exprimer vos opinions, ou de poursuivre vos passions par crainte de la désapprobation des autres.

L'absence d'un cercle d'amis étendu ou la difficulté à former des liens profonds sont souvent des symptômes de cette insécurité émotionnelle. L'enfant apeuré manque souvent des **compétences sociales** de base – comme la résolution de conflits, l'expression de ses besoins, ou la gestion des émotions dans l'interaction – simplement parce qu'il n'a pas eu l'occasion de les développer dans un cadre sain et sécurisant. Les jeux de groupe, les confidences entre amis, les moments de légèreté partagés sont autant d'expériences qui contribuent à forger une image positive de soi, et dont l'absence a pu laisser un vide douloureux.

Pour éviter les critiques et la souffrance, vous avez pu apprendre à vous **auto-censurer**, à ne pas montrer votre vraie personnalité, à adopter un masque social. Ce décalage entre l'être intérieur et l'apparence extérieure est une source constante de fatigue et d'anxiété. Vous pouvez vous sentir constamment en représentation, incapable de vous détendre et d'être pleinement vous-même, ce qui entrave les relations authentiques.

Ces mécanismes de défense, autrefois protecteurs, sont devenus des entraves à l'âge adulte. Ils peuvent miner votre confiance en vous, entraver votre capacité à prendre des initiatives, à exprimer vos opinions, et à établir des relations saines et équilibrées. Le masque de la timidité, initialement un bouclier contre la douleur, peut devenir une prison, empêchant votre vraie personnalité de s'exprimer. Vous pouvez vous sentir constamment en retrait, incapable de saisir les opportunités ou de vous engager pleinement dans la vie.

L'enfant intérieur apeuré n'est pas une fatalité. C'est une partie de vous qui a eu besoin, un jour, de se protéger. La guérison passe par la reconnaissance de cette part vulnérable en vous, par l'offrande de la sécurité et de la compassion qu'elle n'a pas reçues à l'époque. En comprenant que ces mécanismes de défense ne sont plus nécessaires dans votre vie d'adulte, où vous avez la capacité de créer votre propre sécurité, vous pouvez commencer à les démanteler progressivement, avec douceur.

Exercice pratique : Le Dialogue avec l'Enfant Intérieur

Trouvez un endroit calme où vous ne serez pas dérangé(e). Fermez les yeux et imaginez-vous enfant, à l'âge où vous vous sentiez le plus apeuré, isolé ou vulnérable. Laissez l'image venir à vous.

- **Visualisez l'enfant :** Comment est-il ? Quelle est son expression sur son visage ? Que fait-il ? Peut-être voyez-vous un enfant de 6 ans, recroquevillé dans un coin, les larmes aux yeux, serrant fort son doudou.
- **Approchez-vous :** Imaginez que vous, l'adulte d'aujourd'hui, vous approchez de cet enfant avec une immense bienveillance, une compassion sans jugement et une tendresse infinie.
- **Parlez-lui :** Dites-lui tout ce qu'il aurait eu désespérément besoin d'entendre à l'époque. Des phrases pleines de réconfort comme : "Tu es en sécurité maintenant, je suis là", "Ce n'était pas de ta faute, tu n'es responsable de rien", "Tu es aimé(e) et digne d'être aimé(e), tel(le) que tu es", "Tu as le droit d'être toi-même, avec tes émotions et tes désirs", "Je suis là pour toi, je te protégerai".
- **Rassurez-le :** Offrez-lui un câlin, une main tendue, un sourire chaleureux. Sentez la peur de l'enfant se dissiper progressivement à mesure qu'il se sent en sécurité et aimé. Vous pouvez répéter cet exercice aussi souvent que nécessaire.

Cet exercice puissant vise à reconnecter avec la part vulnérable de vous-même et à lui offrir le réconfort, la sécurité et l'amour inconditionnel qui lui ont manqué à un moment crucial de sa construction. Il renforce le sentiment de sécurité interne et permet de démanteler les mécanismes de défense obsolètes, favorisant une plus grande authenticité, une diminution de la timidité et une libération progressive de la peur du jugement. Vous devenez votre propre parent bienveillant.

1.5 Les Dynamiques Fraternelles et l'Enfant Unique : Reflets et Échappatoires au Sein du Système

Au sein d'une fratrie, chère lectrice, cher lecteur, surtout lorsque le système familial est marqué par des dysfonctionnements, chaque enfant développe des stratégies d'adaptation uniques. Ces stratégies sont influencées par sa position dans la famille, l'écart d'âge avec les autres frères et sœurs, et sa propre personnalité. Ces **dynamiques fraternelles** sont des reflets complexes des tensions parentales et peuvent offrir des échappatoires inattendues ou, au contraire, amplifier le sentiment d'isolement.

Votre position dans la fratrie a eu son impact. Souvent, l'**aîné** est celui qui, très tôt, assume des responsabilités parentales précoces, tentant de compenser les carences des parents. Il peut devenir le parent de substitution, le protecteur, mais aussi celui qui porte le poids des attentes et des frustrations familiales. Il apprend à se sacrifier pour les autres, oubliant parfois ses propres besoins d'enfant. L'**enfant du milieu** peut parfois se sentir invisible, cherchant désespérément sa place entre l'aîné et le plus jeune. Il développe alors des stratégies complexes pour attirer l'attention ou pour s'adapter, parfois en devenant le pacificateur ou le rebelle silencieux. Quant au **plus jeune**, il arrive dans un système déjà établi, avec des rôles et des tensions préexistantes. Il peut être soit surprotégé par un aîné qui endosse le rôle de protecteur, soit négligé, ou encore devenir le bouc émissaire des frustrations familiales, recevant les projections des problèmes non résolus.

Le cas de l'**enfant unique** est une dynamique à part entière. Sans frères et sœurs avec qui partager ou rivaliser, il est souvent le centre d'attention exclusif de ses parents. Cela peut se traduire par une grande proximité avec le monde adulte, un développement plus rapide du langage et de la pensée abstraite, et une forte autonomie dans le jeu et les activités solitaires.

Cependant, cette position peut aussi engendrer des défis spécifiques. L'enfant unique peut parfois ressentir le poids de toutes les attentes et des espoirs parentaux concentrés sur lui, créant une pression constante à la perfection, à la réussite, et une peur de décevoir. N'ayant pas eu à négocier constamment avec des frères et sœurs, il peut développer une moindre tolérance à la frustration dans les interactions de groupe ou avoir du mal à partager son espace ou son attention. Dans les foyers dysfonctionnels, l'enfant unique peut devenir le réceptacle exclusif de toutes les tensions, conflits et émotions non résolues des parents. Il n'a pas de frère ou de sœur avec qui partager ce fardeau, ni de refuge au sein de la fratrie. Enfin, sans la dynamique de validation ou de rivalité avec des pairs immédiats à la maison, l'enfant unique peut être particulièrement sensible à l'approbation extérieure, cherchant constamment à faire plaisir pour se sentir validé.

Les frères et sœurs, tout comme l'enfant unique, développent des stratégies d'adaptation propres. Certains, confrontés aux difficultés du foyer, peuvent choisir **l'évasion par l'indépendance précoce**, s'en éloignant physiquement ou émotionnellement le plus tôt possible. Cela peut se traduire par un engagement intense dans une carrière exigeante, des études loin du domicile, ou une recherche d'autonomie financière et résidentielle rapide. Cette distance est une stratégie de survie personnelle vitale, mais elle peut signifier, parfois, une absence de soutien pour les plus jeunes, les laissant face à leurs propres défis.

D'autres peuvent développer une **indépendance émotionnelle** et vivre un malheur silencieux, se coupant émotionnellement des dynamiques familiales pour se protéger. Bien que physiquement présents, ils peuvent être émotionnellement indisponibles, pris dans leurs propres souffrances ou leurs propres mécanismes d'adaptation. Leur malheur contribue à l'atmosphère générale de pesanteur et de manque d'épanouissement émotionnel au sein du foyer.

Paradoxalement, certains frères et sœurs, malgré leurs propres fardeaux, peuvent choisir d'assumer un rôle de **protecteur ou de soignant** envers un cadet. Cette figure, agissant comme un parent de substitution, offre un espace de réconfort, d'écoute et de validation inconditionnelle. Ce lien, souvent fusionnel par nécessité, devient une véritable bouée de sauvetage émotionnelle pour le plus jeune, lui permettant de faire l'expérience d'une relation basée sur la bienveillance et le soutien. C'est une expérience corrective qui peut tempérer les messages négatifs du foyer et maintenir une étincelle d'espoir et d'estime de soi.

Ces liens fraternels, même dans la complexité, (ou les adaptations de l'enfant unique) apportent des bénéfices essentiels. Pour les fratries, les interactions fraternelles sont souvent vos premières expériences de relations avec des pairs, vous apprenant, par l'essai et l'erreur, la négociation, le partage, le conflit et la réconciliation. Pour l'enfant unique, ces apprentissages se feront davantage dans les interactions extérieures, à l'école ou avec des amis. Observer les souffrances et les défis de vos frères et sœurs peut avoir développé en vous une forte **empathie** et une capacité à prendre soin des autres. Même dans un foyer dysfonctionnel, le lien fraternel peut offrir un sentiment d'**appartenance** unique, vous rappelant que vous n'êtes pas seul(e) face à l'adversité. L'enfant unique peut trouver ce sentiment d'appartenance dans sa famille proche, ou plus tard, dans ses groupes d'amis. Enfin, vos aînés peuvent avoir servi de **modèles de vie** (positifs ou négatifs) pour vous, influençant inconsciemment vos choix et vos comportements futurs. Pour l'enfant unique, ce sont souvent les parents, les adultes proches ou des figures extérieures qui jouent ce rôle.

Les dynamiques familiales, qu'il s'agisse de relations fraternelles ou de l'expérience de l'enfant unique, sont des microcosmes des systèmes. Elles peuvent être des sources de soutien inestimables ou de frustrations supplémentaires. Comprendre ces interactions passées vous permet de dénouer les schémas relationnels que vous reproduisez parfois sans le savoir. Cela vous aide à reconnaître les forces et les ressources qui ont été présentes, même dans les moments difficiles. Il est crucial de valoriser les liens qui ont apporté du réconfort et de comprendre les raisons des distances ou des conflits avec d'autres membres de la famille, non pour juger, mais pour vous libérer de leur emprise inconsciente et construire des relations plus saines aujourd'hui.

Exercice pratique : Le Génogramme Fraternel (ou Familial) Simplifié

Prenez une feuille de papier et dessinez un arbre généalogique très simplifié de votre fratrie (ou si vous êtes enfant unique, de vous-même et de vos parents). Dessinez-vous au centre, puis ajoutez chaque frère et sœur (ou vos parents si vous êtes enfant unique). Pour chacun, notez :

- **Son rôle perçu dans la famille :** Qu'est-ce que vous aviez l'impression qu'il ou elle représentait ? (Par exemple : "Le protecteur", "L'indépendant", "Le médiateur", "Le rebelle", "Le rayon de soleil", "Le souffre-douleur", "Le pilier", "Le discret").
- **Son principal mécanisme d'adaptation :** Comment a-t-il ou elle réagi aux difficultés familiales ? (Par exemple : "La fuite", "La soumission", "La rébellion ouverte", "Le soin des autres", "Le silence", "La performance à tout prix", "L'isolement").
- **L'impact de sa présence sur vous :** Comment la relation avec cette personne vous a-t-elle affecté(e) ? (Par exemple : "Un soutien inconditionnel", "Un sentiment d'abandon", "Des conflits constants", "Une source d'inspiration", "Une pression supplémentaire", "Le sentiment d'être seul(e) face à tout").

Cet exercice vise à visualiser les dynamiques familiales et à comprendre comment chacun a navigué le système. Il met en lumière les rôles souvent inconscients que chacun a pu endosser. En objectivant ces rôles et ces comportements, vous commencez à dépersonnaliser les actions des membres de votre famille, en les voyant comme des réponses à un système. Cela peut aider à développer de l'empathie, à libérer d'anciens ressentiments, et surtout, à reconnaître les sources de soutien inattendues qui ont pu exister. Cette compréhension est un pas de plus vers la libération de votre propre cheminement.

1.6 Les Blessures Fondamentales : Les Cinq Douleurs Originelles de l'Âme

Au-delà des dynamiques familiales spécifiques, il existe des douleurs universelles de l'âme, des **blessures fondamentales** qui, lorsqu'elles sont vécues dans l'enfance, façonnent nos comportements et nos perceptions à l'âge adulte. Ces blessures agissent comme des filtres à travers lesquels nous interprétons le monde, les autres et nous-mêmes. Les reconnaître, c'est commencer à comprendre pourquoi nous réagissons de certaines manières, pourquoi nous attirons certains types de relations, et pourquoi nous nous sentons parfois bloqués dans des schémas répétitifs.

Ces cinq blessures principales sont : l'**Abandon**, le **Rejet**, l'**Humiliation**, la **Trahison** et l'**Injustice**. Elles ont été popularisées par la thérapeute Lise Bourbeau, et bien que le concept soit débattu dans certains cercles académiques, il offre une grille de lecture extrêmement pertinente et accessible pour comprendre les origines de nos souffrances et de nos comportements inconscients.

Comprendre l'origine de vos "masques" est essentiel. Chaque blessure, selon cette approche, est associée à un masque – un mécanisme de défense que nous avons créé dans l'enfance pour nous protéger de la douleur ressentie. En grandissant, ce masque devient une partie de notre personnalité, une façon d'être et d'agir qui, bien qu'utile à l'époque, peut aujourd'hui nous empêcher de vivre pleinement et authentiquement.

La Blessure d'Abandon et le masque du Dépendant.
Cette blessure naît du sentiment d'être laissé(e) seul(e), non soutenu(e) ou non désiré(e). Elle ne signifie pas

nécessairement un abandon physique, mais plutôt un manque de présence émotionnelle, de soutien ou d'attention de la part des figures parentales. L'enfant a pu se sentir abandonné par l'indisponibilité, la maladie ou la dépression d'un parent, ou encore par l'arrivée d'un nouveau membre dans la famille. À l'âge adulte, la personne blessée par l'abandon adopte souvent le masque du dépendant. Elle aura une peur panique de la solitude, cherchera constamment la présence et l'approbation des autres, et aura du mal à prendre des décisions seule. Pour éviter d'être de nouveau abandonnée, elle peut s'accrocher aux relations, tolérer l'intolérable, ou au contraire, se montrer très fusionnelle, voire manipulatrice pour retenir l'autre. Elle a souvent du mal à dire non et à fixer des limites, par crainte de déplaire et d'être rejetée. Elle peut aussi avoir des crises d'anxiété ou de jalousie, et se sentir une victime des situations.

Imaginez Cécile, une femme qui panique dès que son conjoint part en voyage d'affaires, même pour quelques jours. Elle l'appelle constamment, se sent incapable de gérer son quotidien et ressent une détresse intense, comme si elle était redevenue la petite fille qui se sentait seule et perdue quand ses parents s'absentaient longuement.

La Blessure de Rejet et le masque du Fuyant. Cette blessure est sans doute la plus profonde, touchant à l'existence même. Elle survient lorsque l'enfant se sent rejeté dans son droit d'exister, dans son être profond. Cela peut venir d'un parent qui ne le désirait pas, qui l'a "oublié", ou qui, par ses paroles ou son comportement, lui a fait sentir qu'il n'avait pas sa place. La personne blessée par le rejet endosse le masque du fuyant. Elle doute de son droit d'exister, se sent illégitime et a tendance à se dévaloriser. Pour éviter d'être de nouveau rejetée, elle se coupe des autres, s'isole, et peut même s'auto-rejeter. Elle a souvent une image corporelle négative, se sent transparente ou invisible. Elle évite les situations où elle pourrait être jugée ou critiquée, et préfère fuir les responsabilités ou les engagements. Paradoxalement, elle peut aussi attirer des situations où elle se sentira rejetée, confirmant sa croyance inconsciente.

Considérons Marc, qui est très doué dans son travail mais refuse systématiquement les promotions, par peur de ne pas être à la hauteur ou de se sentir exposé au jugement. Il a tendance à s'effacer dans les réunions et à ne jamais prendre la parole en public, même quand il en a l'occasion, se sentant mal à l'aise d'attirer l'attention.

La Blessure d'Humiliation et le masque du Masochiste. Cette blessure naît de l'expérience d'avoir été rabaissé(e), honteux(se) ou dévalorisé(e), souvent en public ou devant des pairs. Cela peut être lié à des moqueries sur le corps, l'intelligence, les erreurs, ou à des exigences trop élevées en termes de propreté, de performance, qui ont conduit l'enfant à se sentir honteux de lui-même et de ses désirs. La personne blessée par l'humiliation porte le masque du masochiste. Elle a tendance à se sacrifier pour les autres, à se négliger, et à supporter des situations inconfortables, voire humiliantes. Elle a du mal à se donner le droit au plaisir, aux désirs, et se sent souvent responsable du bonheur des autres. Elle a tendance à s'auto-punir, à se sentir coupable, et à provoquer inconsciemment des situations qui la feront se sentir humiliée.

Prenez le cas de Sophie, qui excelle dans son domaine mais se retrouve toujours dans des postes où elle est sous-payée, surchargée de travail et peu reconnue. Elle n'ose jamais demander d'augmentation ou refuser une tâche supplémentaire, même quand elle est épuisée, par peur de décevoir et de ne pas être "assez bien", se sentant coupable de penser à elle.

La Blessure de Trahison et le masque du Contrôlant. Cette blessure est liée à une promesse non tenue, à une rupture de confiance de la part d'une figure d'autorité (souvent le parent de sexe opposé), ou à un sentiment de ne pas pouvoir compter sur l'autre. L'enfant a pu ressentir une injustice profonde face à une parole non respectée, un secret trahi, ou une absence de fiabilité. La personne blessée par la trahison adopte le masque du contrôlant. Elle a un besoin excessif de tout maîtriser, de tout prévoir, et de ne faire confiance à personne. Elle est souvent intolérante au mensonge et à la manipulation, mais peut elle-même manipuler pour obtenir ce qu'elle veut et se sentir en sécurité. Elle est très exigeante envers elle-même et envers les autres, et a du mal à déléguer. Elle peut être impatiente, autoritaire, et rencontrer des difficultés à vivre la spontanéité et le lâcher-prise.

Pensons à David, qui organise méticuleusement chaque aspect de sa vie et celle de son entourage. Il a énormément de mal à déléguer, même les tâches simples, car il ne fait pas confiance aux autres pour faire les choses correctement. Il peut se montrer très critique si un plan ne se déroule pas comme prévu, et a une peur profonde d'être trompé ou de ne pas être tenu informé.

La Blessure d'Injustice et le masque du Rigide. Cette blessure naît du sentiment d'avoir été traité(e) de manière injuste, d'avoir subi une situation perçue comme inéquitable, ou d'avoir été confronté(e) à une exigence excessive et démesurée, souvent liée à la performance. L'enfant a pu se sentir brimé(e) dans son originalité, dans son droit à l'erreur ou à sa liberté d'être. La personne blessée par l'injustice porte le masque du rigide. Elle est perfectionniste à l'extrême, cherche constamment la justice et l'équité, et a du mal à exprimer ses émotions, en particulier sa tristesse, car elle ne veut pas montrer de vulnérabilité. Elle peut se montrer froide, détachée, et a tendance à se justifier constamment. Elle est très exigeante envers elle-même, se met une pression énorme et se sent souvent en colère quand les choses ne sont pas justes. Elle a du mal à recevoir de l'aide et à demander de l'amour, par fierté et par peur de se sentir redevable.

C'est le cas de Jean-Luc, un avocat brillant qui travaille sans relâche, accumulant les succès, mais qui ne ressent jamais de satisfaction durable. Il est obsédé par la justice et les règles, et se met une pression incroyable pour être irréprochable. Il a du mal à prendre des vacances, à se détendre, et se sent souvent frustré par les injustices du monde, sans pouvoir vraiment exprimer sa propre fatigue ou vulnérabilité.

Comprendre ces blessures, c'est le premier pas pour les guérir. Cela ne signifie pas que vous êtes condamné(e) à porter ces masques toute votre vie. Au contraire, en identifiant vos blessures dominantes, vous pouvez commencer à observer comment ces masques se manifestent dans votre quotidien. Cette prise de conscience est cruciale, car elle vous permet de faire un choix : continuer à réagir sous l'influence du passé, ou commencer à agir de manière consciente, en offrant à votre enfant intérieur la sécurité et l'acceptation qui lui ont manqué. La guérison passe par l'amour de soi, le pardon (envers soi et envers les autres), et l'acceptation de ces parts vulnérables.

Exercice pratique : Identifier vos Masques

Prenez un instant pour lire attentivement la description de chaque blessure et de son masque associé.

1. **Réfléchissez :** Parmi ces cinq blessures, laquelle (ou lesquelles) résonne le plus fortement en vous ? Quelle description vous parle le plus, comme si elle mettait des mots sur des sentiments que vous avez toujours eus ?
2. **Observez vos réactions :** Pendant la semaine, notez les moments où vous vous sentez particulièrement mal à l'aise, anxieux(se), en colère ou triste. Essayez de voir si ces réactions peuvent être liées à l'activation d'une de ces blessures. Par exemple, si vous vous sentez abandonné(e) quand un ami ne répond pas tout de suite, ou humilié(e) par une remarque anodine.
3. **Notez vos masques :** Identifiez les comportements que vous adoptez pour vous protéger (par exemple : vous isoler, tout contrôler, vous sacrifier, fuir les conflits, exiger la perfection).

Cet exercice vise à développer votre capacité d'auto-observation et à identifier les blessures et les masques qui influencent le plus votre vie. En nommant ce qui se passe en vous, vous commencez à dépersonnaliser la douleur. Vous réaliserez que vos réactions ne sont pas des défauts, mais des stratégies de survie. Cette prise de conscience est libératrice et vous donne le pouvoir de commencer à choisir de nouvelles façons d'être et d'interagir.

1.7 L'Impact des Blessures sur les Relations Adultes : Rejouer le Passé

Les blessures fondamentales que nous venons d'explorer ne restent pas confinées à notre enfance. Elles sont des fils invisibles qui continuent de tisser la toile de nos vies d'adultes, influençant profondément nos relations interpersonnelles. Sans le savoir, nous rejouons souvent les scénarios du passé, attirant des partenaires ou des situations qui, paradoxalement, viennent réactiver nos douleurs originelles. Ce n'est pas une fatalité, mais un mécanisme inconscient qui cherche à guérir ces blessures, même si le chemin est souvent semé d'embûches.

Comment ces blessures de l'enfance se manifestent-elles dans vos relations actuelles ? Vous avez peut-être remarqué une tendance à la **répétition des schémas**. Vous attirez des partenaires ou des amis qui, d'une manière ou d'une autre, rappellent les figures parentales ou les dynamiques que vous avez connues enfant.

Prenons l'exemple de Sarah, qui a souffert d'un sentiment d'abandon avec un parent souvent absent. À l'âge adulte, elle se retrouve systématiquement dans des relations où ses partenaires sont émotionnellement indisponibles ou voyagent beaucoup, la laissant avec la même sensation de solitude et de manque. Son enfant intérieur, blessé par l'abandon, rejoue ce scénario, espérant inconsciemment qu'un jour, la fin sera différente et qu'elle sera enfin choisie et pleinement présente.

Si vous avez vécu le rejet ou l'humiliation, l'idée de vous montrer vulnérable et de laisser quelqu'un voir votre "vrai vous" peut être terrifiante. Vous pourriez inconsciemment ériger des murs pour vous protéger, repoussant ainsi **l'intimité et la vulnérabilité**, même si vous les désirez ardemment. Cela peut se manifester par une difficulté à se confier, à parler de vos émotions profondes, ou à vous engager pleinement dans une relation.

Les blessures non guéries peuvent engendrer des **attentes irréalistes et la déception**. Le dépendant attend que l'autre comble tous ses vides, le contrôlant attend une fiabilité absolue, le rigide une perfection sans faille. Lorsque ces attentes ne sont pas satisfaites (ce qui est inévitable, car personne n'est parfait), la déception est immense, et le cycle de la blessure se réactive, renforçant la conviction que "personne ne me comprendra jamais" ou "je ne peux faire confiance à personne".

La peur d'être rejeté(e) ou abandonné(e) peut vous empêcher de **poser des limites** claires dans vos relations. Vous pouvez avoir du mal à dire non, à exprimer vos besoins, ou à défendre votre espace, de peur de créer un conflit ou de perdre l'affection de l'autre. Cela vous rend vulnérable aux abus, à la surcharge émotionnelle et au sentiment d'être constamment dépassé(e).

Enfin, si vos blessures ne sont pas reconnues, vous pourriez vous retrouver à vivre les **mêmes types de conflits encore et encore**. La personne qui craint la trahison verra des signes de non-fiabilité partout, celle qui craint l'humiliation évitera les situations où elle pourrait être rabaissée, et ainsi de suite. Ces conflits ne sont souvent que des reflets des batailles intérieures non résolues.

La bonne nouvelle, c'est que la prise de conscience est le premier pas vers la transformation. En reconnaissant l'influence de vos blessures d'enfance sur vos relations actuelles, vous gagnez le pouvoir de choisir de nouvelles réactions. Il s'agit d'**identifier vos déclencheurs** : apprenez à reconnaître les situations, les paroles ou les comportements qui activent en vous une ancienne blessure. C'est le moment où votre masque a tendance à prendre le dessus. Ensuite, donnez une voix à votre enfant intérieur. En comprenant que vos réactions parfois disproportionnées viennent de la peur de votre enfant intérieur, vous pouvez lui offrir la sécurité et la compassion qu'il n'a pas eues. Vous pouvez choisir de réagir en tant qu'adulte conscient, plutôt qu'en tant qu'enfant apeuré. Une fois que vous comprenez ces schémas, vous pouvez commencer à **changer les dynamiques** en modifiant vos propres comportements. Cela peut signifier apprendre à poser des limites fermes, à exprimer vos besoins clairement, à faire confiance progressivement, ou à vous autoriser à être imparfait(e). Enfin, en guérissant vos blessures, vous commencerez naturellement à **choisir des relations saines et plus équilibrées**, car votre énergie et vos attentes se seront transformées. Vous ne chercherez plus inconsciemment à rejouer le drame, mais à construire des connexions authentiques.

Guérir, ce n'est pas effacer le passé, mais changer la relation que vous entretenez avec lui. C'est cesser de laisser les ombres de l'enfance dicter votre présent et votre avenir. C'est reconnaître que vous avez le pouvoir de réécrire votre histoire relationnelle et de créer des liens basés sur l'amour, la confiance et le respect, plutôt que sur la peur et les blessures non résolues.

Exercice pratique : Mes Relations sous l'Angle des Blessures

1. **Choisissez une relation significative :** Pensez à une relation actuelle (amicale, amoureuse, familiale, professionnelle) dans laquelle vous rencontrez des difficultés ou des schémas répétitifs.
2. **Identifiez la blessure active :** Avec la grille des cinq blessures en tête (Abandon, Rejet, Humiliation, Trahison, Injustice), quelle blessure semble être la plus active dans cette relation ou dans les problèmes que vous y rencontrez ?
3. **Observez le masque :** Quel masque avez-vous tendance à porter dans cette relation pour vous protéger ? (Dépendant, Fuyant, Masochiste, Contrôlant, Rigide).
4. **Notez les déclencheurs :** Quels sont les comportements de l'autre personne ou les situations spécifiques qui activent cette blessure et vous font réagir d'une manière que vous regrettez parfois ?
5. **Proposez une nouvelle réaction :** Pour chaque déclencheur, réfléchissez à une nouvelle façon de réagir, en tant qu'adulte conscient(e) et apaisé(e), plutôt qu'en tant qu'enfant blessé(e). Par exemple : si la blessure d'abandon est activée quand votre partenaire est silencieux, au lieu de paniquer et de le harceler de questions (réaction de l'enfant dépendant), vous pourriez vous dire : "Il/elle a peut-être besoin de son espace. Je vais me concentrer sur une activité que j'aime et lui parlerai calmement plus tard."

Cet exercice vous aidera à voir comment les blessures de votre enfance se manifestent concrètement dans vos relations actuelles. En comprenant les mécanismes inconscients à l'œuvre, vous gagnez la capacité de reprendre le contrôle. Vous apprendrez à ne plus subir vos réactions automatiques, mais à choisir des réponses plus saines et plus constructives, vous permettant de construire des relations plus épanouissantes.

Chapitre 2 : L'Adolescence : Quand l'Âme Cherche son Chemin dans la Tempête

Après le jardin secret de l'enfance que nous venons d'explorer, l'adolescence s'ouvre comme un vaste océan, fascinant et parfois tumultueux. C'est l'âge où la petite graine de votre âme, celle que vous avez plantée enfant, cherche ardemment à s'élever et à trouver sa propre lumière. Vous commencez à vous définir en dehors du cocon familial, à respirer par vous-même, à vouloir vous affranchir des schémas, même si inconsciemment, vous les portez encore.

Cette période, souvent qualifiée de "crise d'identité", n'est pas une maladie à guérir, mais un passage obligé, un véritable **rite de transition** vers l'âge adulte. C'est le moment où vous tentez de répondre à cette question fondamentale : "Qui suis-je, vraiment, au-delà de mes parents et de mon passé ?"

Mais quand les fondations de l'enfance sont déjà chancelantes, que les premières blessures ont laissé des cicatrices, ces turbulences peuvent se transformer en tempêtes violentes. La construction de soi devient alors une tâche bien plus ardue, un chemin semé d'embûches inattendues. Ce chapitre est une invitation à regarder de près ces défis inhérents à l'adolescence et à comprendre comment les ombres du passé peuvent influencer, parfois de manière insidieuse, cette quête vitale d'autonomie.

2.1 La Grande Séparation : Couper le Cordon (ou Tenter de le Faire)

Après le refuge (ou le champ de bataille) de l'enfance, l'adolescence marque le début d'une étape cruciale : celle de la **séparation progressive du giron familial**. Imaginez un jeune oiseau qui, peu à peu, déploie ses ailes, prêt à quitter le nid. Il ne s'agit pas de briser les liens, mais de les redéfinir, de trouver votre propre espace vital, votre propre identité, loin de l'influence directe de vos parents. C'est une danse délicate entre ce besoin viscéral d'autonomie et une certaine peur de l'inconnu.

Pour ceux qui ont eu la chance de grandir dans un environnement sain, cette séparation peut être vécue avec ses inévitables tiraillements, mais aussi avec le soutien et la confiance nécessaires. Les parents, sécurisés dans leur propre rôle, offrent un filet de sécurité tout en laissant l'espace à l'exploration.

Cependant, quand les blessures de l'enfance sont encore à vif, cette étape devient une épreuve particulièrement complexe. L'enfant intérieur, apeuré ou blessé, peut rendre cette quête d'autonomie bien plus ardue. Les échos du passé résonnent alors dans chaque tentative de s'éloigner.

Par exemple, si vous avez grandi avec une **culpabilité omniprésente**, tenter de vous affirmer et de prendre vos distances peut réactiver cette douleur. L'idée de décevoir vos parents, de les abandonner ou de les laisser seuls avec leurs propres problèmes, peut vous **paralyser**. Vous pouvez alors, sans même le vouloir, saboter vos propres tentatives d'indépendance pour ne pas trahir cette loyauté invisible.

Imaginez Julien, adolescent, dont la mère, dépressive, lui a souvent dit qu'il était son rayon de soleil. Quand Julien commence à passer plus de temps avec ses amis ou à rêver d'études loin de chez lui, il ressent une anxiété profonde et une culpabilité tenace, comme s'il commettait un crime en cherchant son propre bonheur. Il se punit en échouant à l'école ou en s'isolant de ses amis, restant ainsi dans le giron maternel.

Pour celui ou celle qui a vécu l'**abandon ou le rejet** dans l'enfance, l'idée de se séparer peut réactiver une peur panique de la solitude et de l'insécurité. Quitter le nid, même s'il était dysfonctionnel, signifie affronter un monde où l'on se sent déjà seul ou non désiré. Cette peur peut vous paralyser, vous empêchant de prendre des initiatives, d'explorer de nouveaux horizons, ou de vous engager dans des projets qui vous éloigneraient du connu, même s'il est douloureux.

Voyons le cas d'Emma, une adolescente élevée par des parents très absorbés par leurs propres difficultés, ce qui a laissé en elle une profonde blessure d'abandon. L'idée d'aller étudier dans une autre ville, pourtant son rêve, la terrifie. Elle imagine constamment le pire : se sentir seule, incapable de se débrouiller, et ne pas trouver de soutien. Cette peur la pousse à choisir une université locale, même si elle sait au fond qu'elle se prive d'une formidable opportunité d'épanouissement.

Si l'atmosphère familiale était marquée par la **critique ou l'humiliation**, l'adolescent sera constamment sur ses gardes. Chaque choix personnel, chaque expression d'autonomie, sera perçu comme un risque d'être jugé, rabaissé ou rejeté. Cette peur peut étouffer la créativité, l'expérimentation, et conduire à une **conformité excessive** aux attentes des autres, plutôt qu'à l'exploration de sa propre voie.

Prenons l'exemple de Thomas, qui a grandi avec un père très critique envers ses goûts et ses idées. Adolescent, il développe une passion pour la musique. Mais quand vient le moment de choisir une option à l'école ou d'intégrer un groupe, il se rétracte. La peur d'être moqué, jugé "pas assez bon" ou de subir les critiques de son père, même si ce dernier est loin, le pousse à se conformer à des choix plus sages et moins risqués, comme des études scientifiques, où il se sentira moins exposé.

Enfin, les blessures de **trahison ou d'injustice** peuvent pousser l'adolescent à un besoin accru de contrôle sur son environnement et à un **perfectionnisme rigide**. Pour compenser un sentiment d'insécurité ou d'injustice passé, il peut chercher à exceller dans tous les domaines, à être irréprochable, ne laissant aucune place à l'erreur ou à la spontanéité. Cette période d'expérimentation de l'adolescence, si essentielle, devient alors particulièrement stressante.

Voyons le cas de Camille, dont l'enfance a été marquée par des promesses non tenues et des règles familiales fluctuantes, créant une blessure de trahison. À l'adolescence, elle devient obsédée par le contrôle et la perfection dans ses études et ses activités. Elle ne peut supporter le moindre imprévu ou la plus petite erreur, car cela réactive son sentiment d'impuissance et d'injustice. Elle organise méticuleusement chaque minute de sa journée, et toute tentative d'amitié ou de relation qui ne s'inscrit pas dans son plan parfait est perçue comme une menace à son fragile équilibre.

Si cette séparation ne peut s'opérer sainement, l'adolescent peut se retrouver dans une position délicate : soit il reste **fusionné** avec la famille, incapable de développer sa propre identité distincte, soit il **rompt de manière brutale et douloureuse**, emportant avec lui une profonde solitude ou un sentiment d'injustice. Dans les deux cas, la construction d'une identité solide et autonome est compromise. Il est alors difficile de savoir qui l'on est vraiment, ce que l'on désire, et comment interagir sainement avec le monde extérieur.

Reconnaître ces dynamiques passées est essentiel pour comprendre pourquoi certaines de vos tentatives d'autonomie ont pu être si difficiles ou pourquoi vous ressentez encore aujourd'hui ce besoin de vous détacher d'influences anciennes. Ce processus est une opportunité de réécrire votre histoire, en vous donnant le droit de vous émanciper avec bienveillance, sans culpabilité ni peur excessive.

Exercice pratique : Mes Premières Tentatives d'Émancipation

Prenez un moment pour vous remémorer votre adolescence, entre 12 et 18 ans environ.

1. **Souvenez-vous des situations** où vous avez tenté de vous affirmer, de prendre vos propres décisions, ou de vous éloigner de vos parents. Cela peut être des choses simples comme choisir vos amis, vos vêtements, vos activités, vos opinions, vos études, ou des projets qui n'étaient pas les leurs.
2. **Identifiez vos émotions** : comment vous sentiez-vous à ce moment-là ? Y avait-il de la peur, de la culpabilité, de la colère, de la rébellion ou de l'anxiété ?
3. **Observez les réactions de votre entourage** : comment vos parents ou d'autres figures significatives ont-ils réagi à ces tentatives d'émancipation ? Ont-ils montré du soutien, de la critique, de l'inquiétude, du contrôle, ou de l'indifférence ?
4. **Faites le lien avec vos blessures** : y a-t-il un lien entre vos réactions (ou celles de votre entourage) et les blessures que nous avons explorées au chapitre précédent ? Par exemple, si votre tentative a été accueillie par de la critique, cela a pu réactiver votre blessure d'humiliation.

Cet exercice vous aidera à revisiter les fondations de votre autonomie pour comprendre comment les dynamiques de votre enfance ont pu influencer vos premières tentatives d'émancipation et de définition de soi. En établissant ces liens, vous pourrez décharger certaines de ces expériences de leur poids émotionnel, réalisant que les difficultés rencontrées n'étaient pas dues à un "défaut" personnel, mais à des schémas préexistants. Cette compréhension est une étape clé pour achever aujourd'hui cette "grande séparation" avec plus de conscience et de douceur envers vous-même.

2.2 La Quête d'Appartenance : Le Groupe de Pairs comme Miroir et Refuge

L'adolescence est aussi l'âge du **groupe**. Après s'être (plus ou moins) détaché du cercle familial, l'adolescent se tourne instinctivement vers ses pairs pour trouver un nouveau sentiment d'appartenance et de validation. Les amis, les camarades de classe, les figures d'influence extérieures deviennent des miroirs essentiels où l'on teste son identité, ses valeurs, et sa place dans le monde. C'est dans ces interactions que se forgent les compétences sociales, la capacité à négocier, à se faire accepter, et à se sentir normal.

Pour beaucoup, le groupe de pairs est un véritable refuge, un lieu où l'on se sent enfin compris, écouté, et où l'on peut exprimer des parts de soi que l'on n'ose pas montrer à la maison. C'est un espace d'expérimentation vital. Mais lorsque les blessures de l'enfance sont profondes, cette quête d'appartenance peut devenir un véritable chemin de croix.

Ces blessures entravent ou déforment la recherche d'appartenance. Si vous avez souffert de la blessure de **rejet ou d'abandon**, le besoin d'appartenir à un groupe peut être si intense qu'il vous pousse à vous **conformer entièrement** aux attentes des autres, même au détriment de votre propre intégrité. Vous pourriez alors adopter des comportements qui ne vous ressemblent pas, dire oui à tout, ou tolérer des situations inconfortables, par peur d'être exclu. Le masque du dépendant ou du fuyant peut alors vous faire perdre votre authenticité.

Par exemple comme Léo, qui, craignant le rejet, commence à fumer et à adopter un langage grossier comme ses nouveaux amis, bien que cela aille à l'encontre de ses valeurs profondes. Il ressent un malaise, mais la peur de se retrouver seul est plus forte que l'envie de rester fidèle à lui-même.

Si la blessure d'**humiliation ou d'injustice** est prégnante, la peur d'être jugé, moqué ou de ne pas être à la hauteur peut vous pousser à vous **isoler**. Plutôt que de risquer la douleur du rejet, vous pourriez choisir de rester en marge, d'éviter les interactions sociales, ou de vous enfermer dans des activités solitaires. Paradoxalement, cela peut renforcer votre sentiment de solitude et d'être différent, confirmant les croyances négatives sur votre valeur. Songez à Chloé, qui, ayant été souvent critiquée pour ses centres d'intérêt "bizarres" enfant, n'ose pas rejoindre un club de théâtre ou de lecture à l'adolescence, même si elle en rêve. Elle craint les moqueries et préfère passer ses après-midis seule, se plongeant dans des livres ou des films, renforçant ainsi son sentiment d'isolement.

Les relations entre adolescents sont souvent intenses et parfois tumultueuses. L'apprentissage des conflits, des déceptions et des réconciliations est essentiel. Mais pour quelqu'un dont les blessures de **trahison ou d'injustice** sont activées, la moindre dispute peut être perçue comme une trahison majeure ou une injustice intolérable. Cela peut entraîner des ruptures amicales brusques, une difficulté à pardonner, ou une tendance à se refermer dès le premier accroc, empêchant le développement de relations profondes et durables.

Prenons le cas de Salim, qui a subi des promesses non tenues de la part de ses parents durant l'enfance. À l'adolescence, quand un ami ne respecte pas un engagement mineur (comme arriver en retard à un rendez-vous), Samuel réagit avec une colère disproportionnée. Il se sent trahi, comme si l'ami avait volontairement cherché à le décevoir. Plutôt que d'exprimer sa frustration, il peut alors décider de couper court à l'amitié, incapable de tolérer la moindre imperfection, par peur de revivre la douleur de la trahison.

Pour compenser un manque d'estime de soi lié aux blessures, certains adolescents peuvent chercher à obtenir un statut social élevé à tout prix. Cela peut se traduire par des **comportements à risque** (consommation d'alcool ou de drogues, délinquance mineure) ou une recherche excessive de popularité, de followers sur les réseaux sociaux. Ces comportements, bien que donnant l'illusion d'une appartenance, masquent souvent une profonde insécurité et la blessure sous-jacente.

Prenez l'exemple de Manon, qui, blessée par l'humiliation et le sentiment de ne pas être assez bien durant son enfance, cherche désespérément la reconnaissance à l'adolescence. Pour être acceptée par le groupe le plus cool de son école, elle commence à consommer de l'alcool en soirée, à poster des photos provocantes sur les réseaux sociaux, et à participer à des défis dangereux. Chaque "like" ou chaque compliment sur sa "force" lui donne l'impression d'exister et d'être acceptée, masquant ainsi l'énorme vide intérieur et la peur d'être rejetée si elle ne se conformait pas à ces attentes.

Le groupe de pairs peut être à la fois un amplificateur de nos blessures ou un formidable laboratoire de guérison. Des amitiés saines, basées sur la confiance, le respect et la bienveillance, peuvent offrir des **expériences correctives essentielles**. Elles permettent de découvrir que l'on peut être aimé pour soi-même, que les conflits peuvent être résolus, et que l'on a le droit d'être authentique. À l'inverse, des groupes toxiques peuvent réactiver et renforcer les blessures de l'enfance, vous maintenant dans un cycle de souffrance et de non-reconnaissance.

Prendre conscience de l'impact de ces dynamiques sur votre adolescence peut vous aider à comprendre les schémas que vous avez pu reproduire plus tard dans vos relations adultes. C'est une étape clé pour choisir aujourd'hui des cercles sociaux qui vous nourrissent et vous aident à grandir, plutôt que des groupes qui réactivent vos anciennes peurs.

Exercice pratique : Mon Cercle Social Adolescent

Prenez un moment pour vous remémorer vos relations amicales et vos groupes sociaux pendant votre adolescence (collège, lycée, activités extrascolaires).

1. **Décrivez votre (vos) groupe(s)** : quel(s) type(s) de groupe(s) fréquentiez-vous ? Quelles étaient les dynamiques dominantes ? Par exemple : un groupe très soudé et loyal, un groupe axé sur la fête, un groupe d'intellectuels, des amis plus solitaires.
2. **Quel était votre place, votre rôle perçu dans ces groupes** ? Par exemple : le leader, le suiveur, le boute-en-train, le confident, l'observateur silencieux, l'exclu.
3. **Qu'est-ce que ces relations vous ont apporté de positif** (sentiment d'appartenance, joie, soutien) ? Et quels en ont été les défis ou les douleurs (trahison, exclusion, pression pour être quelqu'un d'autre) ?
4. **Y a-t-il un lien entre votre place dans le groupe, vos réactions ou les difficultés rencontrées, et les blessures de l'enfance que nous avons explorées** ?

Cet exercice vous aidera à revisiter comment votre quête d'appartenance à l'adolescence a pu être influencée par vos blessures, et comment vous avez pu y développer des mécanismes d'adaptation. En comprenant ces dynamiques passées, vous pourrez mieux saisir pourquoi certaines de vos relations actuelles fonctionnent comme elles le font. Cela vous donnera le pouvoir de choisir plus consciemment les personnes qui vous entourent et de construire des relations basées sur une authentique connexion, et non plus sur la peur ou le besoin de validation.

2.3 Le Corps en Mutation : Entre Inconfort et Quête d'Acceptation

L'adolescence est aussi une période de **transformations physiques radicales**. Le corps d'enfant cède la place à un corps d'adulte, avec ses nouvelles formes, ses nouvelles sensations, et l'apparition de la sexualité. Pour l'adolescent, ces changements sont souvent vécus avec un mélange d'excitation et de profonde anxiété. C'est une phase de réappropriation de son image, où le **regard des autres** devient un miroir essentiel, parfois impitoyable.

Cependant, lorsque les blessures de l'enfance sont déjà présentes, la relation au corps et à l'image de soi peut devenir particulièrement douloureuse. Le corps, loin d'être un allié, peut se transformer en source d'inconfort, de honte ou de complexes profonds.

Comment ces blessures influencent la perception du corps à l'adolescence ?

Si, enfant, vous avez été moqué, rabaissé ou jugé sur votre apparence, votre propreté, votre poids, ou vos capacités physiques, l'adolescence peut réactiver cette **honte corporelle** de manière intense. Les changements physiques naturels (acné, prise de poids, développement des formes) peuvent être perçus comme des défauts majeurs, vous poussant à vous cacher, à vous sentir sale ou indigne. Cette honte peut mener à des comportements compensatoires extrêmes : régimes drastiques, surentraînement sportif, ou à l'inverse, un abandon total de soi par résignation.

Imaginez Kevin, dont la mère le mettait souvent au régime et critiquait son ventre rond dans son enfance. À l'adolescence, malgré une musculature normale, Kevin se voit toujours comme "gros" et est obsédé par son apparence physique. Il développe un trouble alimentaire et une peur intense de se montrer torse nu, même à la piscine, car il anticipe les jugements et la honte qu'il a si souvent ressentis.

La blessure de **rejet** peut se manifester par une profonde **non-acceptation de son corps**. L'adolescent peut avoir l'impression que son corps n'est pas le bon, qu'il est différent ou pas assez bien pour être aimé. Cette sensation peut être amplifiée par la comparaison constante avec les images idéalisées des magazines ou des réseaux sociaux. Cela peut entraîner une insatisfaction chronique et une difficulté à se sentir à l'aise dans sa propre peau, quel que soit son physique réel.

On pourrait parler de Sofia, qui a toujours eu le sentiment d'être en trop dans sa famille. À l'adolescence, elle se sent invisible ou moche, persuadée que son corps ne correspond pas aux standards de beauté. Elle évite les miroirs, se drape dans des vêtements amples, et refuse les invitations aux fêtes où elle devrait se montrer, par peur que son corps soit la raison de son rejet.

La blessure d'**abandon** peut pousser l'adolescent à **utiliser son corps pour attirer l'attention et l'amour** qu'il a manqué. Cela peut se traduire par des comportements sexuels précoces, une exhibition excessive, ou une recherche constante de validation à travers le regard des autres. Le corps devient un instrument pour combler le vide émotionnel, souvent au détriment de son propre bien-être et de son estime de soi.

On peut s'attarder sur le parcours de Yanis, qui, ayant manqué de présence et d'attention parentale enfant, cherche désespérément à se sentir vu et aimé. Adolescent, il s'habille de manière très tape-à-l'œil, multiplie les relations superficielles et recherche constamment les compliments sur son physique, même s'il ne se sent pas vraiment connecté aux personnes. Il confond l'attention physique avec l'amour et l'acceptation authentique.

Enfin, les blessures de **trahison ou d'injustice** peuvent engendrer un besoin obsessionnel de contrôler son corps. L'adolescent peut se lancer dans des régimes extrêmes, des entraînements compulsifs ou des routines de beauté rigides, comme si maîtriser son corps était le seul domaine où il pouvait avoir prise sur une vie perçue comme injuste ou imprévisible. Cette obsession peut être une tentative inconsciente de restaurer un sentiment de sécurité et de justice.

Voyez le cas de Claire, qui a grandi dans un foyer où les règles étaient changeantes et les punitions parfois injustes. Adolescente, elle développe un contrôle strict sur son alimentation et son poids. Chaque calorie compte, chaque écart est vécu comme un échec personnel et une trahison envers elle-même. Elle se pèse plusieurs fois par jour et se sent en colère si elle ne suit pas son plan à la lettre, car ce contrôle sur son corps lui donne une illusion de sécurité et de justice dans un monde qui lui a semblé chaotique.

Vers l'acceptation de soi :

La relation au corps à l'adolescence est un puissant révélateur de nos blessures profondes. Guérir passe par l'apprentissage de l'**acceptation inconditionnelle de son**

corps, avec ses imperfections et ses changements. C'est un chemin qui demande de la compassion envers soi-même, de déconstruire les messages négatifs reçus, et de comprendre que la valeur d'une personne ne se mesure pas à son apparence. Reconstruire une image corporelle positive est une étape essentielle pour une identité adulte solide et une sexualité épanouie.

Exercice pratique : Mon Corps Adolescent et Mes Émotions

Prenez un moment pour vous remémorer votre corps et votre perception de celui-ci pendant votre adolescence.

1. **Comment vous sentiez-vous dans votre corps** ? Étiez-vous à l'aise, mal à l'aise, honteux, fier, indifférent ? Y avait-il des parties de votre corps que vous n'aimiez pas ? Lesquelles ?
2. **Vous souvenez-vous de remarques** (positives ou négatives) faites par votre famille, vos amis, ou d'autres personnes sur votre physique ? Comment vous ont-elles fait sentir ?
3. **Quels comportements avez-vous adoptés vis-à-vis de votre corps** ? Par exemple : vous cacher, vous exposer, faire du sport à outrance, manger peu/trop, vous comparer aux autres, vous négliger, prendre soin de vous.
4. **Y a-t-il un lien entre vos perceptions, vos émotions, ou vos comportements et les blessures d'enfance explorées précédemment** ?

Cet exercice vous aidera à mettre en lumière les liens entre vos blessures d'enfance et la façon dont vous avez vécu et percevez encore aujourd'hui votre corps. En comprenant ces dynamiques passées, vous pouvez commencer à briser les cycles de la honte ou du contrôle excessif, pour cultiver une relation plus saine et bienveillante avec votre propre physique.

2.4 La Période des Premiers Amours : Entre Fusion et Dépendance

L'adolescence est également le terrain des **premiers amours,** des expériences qui, bien que souvent intenses et idéalistes, sont fondamentales pour l'apprentissage de l'intimité et de la relation de couple. Pour un adolescent ayant une enfance marquée par l'insécurité et une faible estime de soi, ces premières relations amoureuses peuvent prendre une tournure particulière, oscillant entre une fusion émotionnelle intense et le développement de comportements de **dépendance**. La quête d'amour et de validation externe devient alors un moteur puissant, mais potentiellement destructeur.

La quête d'amour et de validation externe :

L'adolescent blessé cherche désespérément à combler un vide affectif hérité de l'enfance. Le premier amour, avec son intensité et l'attention qu'il procure, peut sembler être la solution ultime. L'autre devient le miroir tant attendu qui reflète une image positive de soi, le sauveur qui apporte la sécurité et la reconnaissance manquantes. Ce besoin de validation est si fort qu'il peut conduire à une **idéalisation excessive** du partenaire, le chargeant d'une responsabilité démesurée pour son propre bonheur.

Comment cette dépendance et cette fusion peuvent-elles se manifester ?

Vous pouvez développer une tendance à la **fusion émotionnelle**, où les frontières entre vous-même et votre partenaire s'estompent. Vos émotions deviennent indissociables de celles de l'autre, votre valeur dépend de l'approbation du partenaire, et votre existence semble ne prendre sens qu'à travers la relation. Cette fusion n'est pas saine car elle étouffe l'individualité et crée une interdépendance excessive. L'autre n'est plus une personne distincte, mais une extension de soi, ou une béquille émotionnelle.

Imaginons Léa, qui a souffert d'un grand manque d'attention durant son enfance. Dès sa première relation amoureuse à 15 ans, elle se fond entièrement dans son partenaire. Elle adopte ses centres d'intérêt, ses amis, et passe tout son temps avec lui, au point de ne plus voir ses propres amis ou de négliger ses loisirs. Elle se sent perdue sans lui et son identité semble se dissoudre dans la sienne, par peur d'être seule ou insuffisante.

Paradoxalement, cette fusion peut s'accompagner de ce que l'on pourrait appeler une **dépendance agressive**. L'anxiété de l'abandon et la peur de perdre l'autre (qui est devenu le centre de son univers émotionnel) peuvent se traduire par des comportements contrôlants, de la jalousie excessive, des demandes constantes de preuves d'amour, ou des crises visant à tester l'attachement du partenaire. Ces comportements, bien que motivés par la peur et le manque, peuvent être perçus comme agressifs, étouffants et destructeurs pour la relation. La moindre distance du partenaire est interprétée comme un signe de rejet, réactivant les blessures d'abandon de l'enfance.

Prenez l'exemple de Malik, qui, ayant vécu la blessure de trahison dans son enfance, développe une jalousie intense dans sa première relation. Il harcèle sa petite amie de messages quand elle est avec ses amis, exige de connaître chaque détail de ses journées et lui fait des scènes si elle ne répond pas immédiatement. Ces comportements, nés de sa peur d'être abandonné ou trahi, sont perçus comme de l'agressivité et étouffent sa partenaire, menant inévitablement à des conflits.

Pour maintenir la relation et vous assurer l'amour du partenaire, l'individu peut se dévaloriser, s'adapter excessivement aux désirs de l'autre, et même ignorer ses propres besoins ou limites. C'est une stratégie de survie, un retour aux mécanismes d'adaptation de l'enfance où l'on se conformait pour obtenir de l'approbation.

Parlons du cas de Clara, qui, ayant été souvent humiliée pour ses opinions, a appris à ne pas faire de vagues. Dans sa première relation, elle ne dit jamais non aux requêtes de son petit ami, même si cela la met mal à l'aise. Elle le laisse choisir toutes les activités, ses films, et même ses tenues, effaçant progressivement ses propres préférences. Elle se sent de plus en plus invisible, mais préfère cette situation à la peur d'être jugée ou de perdre la relation.

Enfin, la recherche de fusion peut mener à une **perte progressive de sa propre identité**. Vos passions, vos amis, vos objectifs personnels peuvent être abandonnés au profit de la relation, créant une bulle où le monde extérieur semble moins important. Cette perte d'identité renforce la dépendance et rend la rupture encore plus dévastatrice.

Nathan est un adolescent créatif et passionné de musique. Quand il rencontre sa première petite amie, il arrête progressivement de jouer de la guitare, de composer, et délaisse ses amis pour ne se consacrer qu'à elle. Il ne se reconnaît plus, mais la relation est devenue le seul pilier de son identité. À la rupture, il se sent complètement vide et perdu, car il a tout misé sur l'autre, sans avoir cultivé son propre univers.

Conséquences à long terme :

Ces dynamiques de dépendance affective, si elles ne sont pas reconnues et travaillées, peuvent se reproduire dans les relations adultes, menant à des cycles de déception, de souffrance et de relations non épanouissantes. Vous pouvez passer d'une relation fusionnelle à une autre, sans jamais apprendre à s'aimer et à se valoriser de manière autonome.

Les premiers amours sont des laboratoires. Ceux qui ont été marqués par la dépendance affective ou la fusion ont appris une leçon importante : l'amour véritable commence par **l'amour de soi**. La guérison consiste à déconstruire ces schémas et à apprendre à construire des relations basées sur l'autonomie, le respect mutuel et des frontières saines.

Exercice pratique : L'Analyse de Mon Premier Amour Significatif

Choisissez votre première relation amoureuse significative (pas forcément le premier "petit ami" ou "petite amie" mais la première où vous avez ressenti une forte implication émotionnelle).

1. **Qu'est-ce que vous espériez que cette relation vous apporte** ? Par exemple : "Sécurité", "Amour inconditionnel", "Validation", "Échapper à ma famille".
2. **Comment vous comportiez-vous** ? Par exemple : "Très fusionnel", "Jaloux", "À l'écoute", "Très dépendant", "Peur de déplaire", "Contrôlant".
3. **Quelles étaient les principales difficultés de cette relation** ? Par exemple : "Conflits fréquents", "Manque de communication", "Impression d'étouffer l'autre", "Peur d'être quitté", "Jalousie excessive", "Perte d'identité".
4. **Quels enseignements fondamentaux cette relation vous a-t-elle laissés** sur l'amour, sur vous-même, sur les relations ?

Cet exercice vous aidera à identifier les schémas de dépendance affective ou de fusion qui ont pu se développer dans ces premières relations, souvent sous l'influence des blessures d'enfance. En analysant ces dynamiques passées, vous pourrez mieux comprendre vos propres schémas relationnels actuels. Cela vous permettra de prendre conscience des besoins non satisfaits de l'adolescence qui ont pu dicter ces comportements, et de commencer à les aborder de manière plus saine à l'âge adulte, pour construire des relations plus équilibrées et épanouissantes.

2.5 Les Tentatives d'Évasion et l'Illusion de la Liberté : Quand Fuir Semble Être la Seule Réponse

Face à l'intensité des défis de l'adolescence, surtout lorsque le terreau de l'enfance est déjà fragile, l'idée de **fuir la situation** peut devenir une obsession. Cette tentative d'évasion, qu'elle soit physique ou psychologique, est une réponse naturelle au sentiment d'être piégé, étouffé, ou de ne pas trouver sa place. Pour l'adolescent, elle représente l'illusion d'une liberté immédiate, la promesse d'un nouveau départ où les problèmes s'évaporeraient. Cependant, sans un travail intérieur, la fuite la plus radicale ne permet pas d'échapper à soi-même.

Les Formes d'évasion :

La plus évidente est la **fuite physique** du domicile familial. Cela peut prendre la forme d'une inscription précoce à l'armée, d'un départ pour les études dans une ville lointaine, d'un besoin impérieux de voyager loin, ou même de tentatives de fugue. Ces départs sont souvent motivés par un désir ardent d'autonomie et de rupture avec un environnement jugé toxique ou restrictif. Ils symbolisent une quête de liberté géographique, un besoin de se prouver qu'on peut survivre par soi-même.

Voyez Lucas, qui à 16 ans, ne rêve que de s'engager dans l'armée. Il s'imagine que loin de la maison et des disputes parentales constantes, il trouvera enfin la discipline et la structure qui lui ont manqué. Ce désir de fuir le chaos familial est si fort qu'il est prêt à s'éloigner de tout ce qu'il connaît, espérant ainsi échapper à la tension qui l'étouffe.

Moins visible mais tout aussi réelle, la fuite peut être interne, ce que l'on appelle la **fuite psychologique ou émotionnelle**. Cela inclut le recours à des comportements compensatoires ou autodestructeurs pour gérer la douleur émotionnelle :

La **consommation de substances** : l'alcool, les drogues, le tabac offrent une évasion temporaire de l'anxiété, de la tristesse, de la colère. Ils procurent une sensation de soulagement, d'engourdissement ou d'euphorie, mais au prix d'une dépendance et d'une aggravation des problèmes à long terme. Prenez l'exemple de Maéva, qui, dès le collège, commence à fumer et à boire avec des amis plus âgés. Chaque verre, chaque cigarette, est un moyen d'engourdir l'anxiété qu'elle ressent en permanence face à l'instabilité de sa famille. Elle a l'impression d'être cool et libre, mais au fond, elle utilise ces substances pour ne pas ressentir la solitude et la peur.

Les **comportements alimentaires** : l'anorexie, la boulimie, l'hyperphagie sont parfois des moyens de reprendre le contrôle sur son corps quand on ne peut pas contrôler son environnement émotionnel, ou de s'anesthésier face à la souffrance. Pensons à Caroline, qui, après avoir subi des critiques constantes sur son apparence dans l'enfance, développe une obsession pour le contrôle de son poids à l'adolescence. Restreindre sa nourriture ou se purger devient un moyen de reprendre le pouvoir sur une partie de sa vie, quand elle se sent impuissante face aux tensions familiales et à la honte de son corps.

Le **travail ou les études excessifs** : s'immerger compulsivement dans le travail scolaire ou une activité pour éviter de faire face à ses émotions ou aux problèmes familiaux. Imaginez Simon, qui passe toutes ses soirées et ses week-ends à étudier, même quand il n'a pas d'examens. Ses parents, constamment en conflit, ne remarquent pas son épuisement. Pour Arthur, se noyer dans les livres est une échappatoire, un moyen de fuir le bruit et les tensions de la maison, et d'éviter de se confronter à ses propres émotions d'angoisse.

L'**hypersexualisation** : utiliser la sexualité comme moyen de validation, de contrôle ou d'évasion émotionnelle. Considérez le cas de Sarah, qui, manquant d'attention et de reconnaissance de la part de ses parents, cherche désespérément à se sentir désirable et aimée. Elle commence à avoir des relations sexuelles précoces, sans réel investissement émotionnel, pensant que l'attention physique remplira le vide. C'est une fuite en avant, où elle confond intimité et validation superficielle.

La **mondialisation et la "fuite en avant"** : l'attirance pour les modes de vie axés sur la fête, la consommation et l'expérimentation constante de nouveautés peuvent être une forme de fuite en avant, où l'on cherche à remplir le vide intérieur par des stimuli externes. Prenez l'exemple de Tom, qui, issu d'un environnement familial où il se sent incompris et enfermé, se jette corps et âme dans la vie nocturne et les festivals. Il enchaîne les expériences, les rencontres, les voyages, toujours en quête de la prochaine sensation forte. C'est une manière d'éviter de se poser, de réfléchir à son mal-être, et de remplir le vide par une succession d'expériences éphémères qui lui donnent l'illusion de la liberté.

L'Illusion de la liberté :

Ces tentatives d'évasion procurent un soulagement immédiat, une illusion de liberté. L'individu se sent enfin maître de ses choix, loin des contraintes et des jugements passés. Cependant, cette liberté est souvent superficielle. Sans un travail sur les blessures sous-jacentes, les schémas de pensée et les émotions non traitées voyagent avec l'individu, peu importe la distance parcourue. Un déménagement ne change pas la personne à l'intérieur ; une substance n'annule pas la cause de l'anxiété. Le problème n'est pas le lieu, mais la manière dont l'individu est programmé à réagir aux défis.

Les tentatives d'évasion sont des **signaux de détresse**. Elles indiquent un besoin profond de changement et de libération. La véritable liberté ne se trouve pas dans la fuite du monde extérieur, mais dans la capacité à se confronter à son monde intérieur, à guérir ses blessures et à construire des stratégies d'adaptation saines. Comprendre ces mécanismes permet de briser les cycles de fuite et de commencer un cheminement vers une liberté authentique, ancrée en soi.

Exercice pratique : Mes Stratégies d'Évasion Adolescentes

Dans votre carnet, listez les stratégies d'évasion que vous avez utilisées durant votre adolescence (et peut-être encore aujourd'hui).

1. **Quelles formes d'évasion avez-vous utilisées ?** Par exemple : "Fêtes", "Voyages", "Drogues/alcool", "Jeux vidéo", "Travail acharné", "Rêverie excessive", "Relation fusionnelle". Soyez honnête avec vous-même, sans jugement.
2. **Que cherchiez-vous à fuir** ? Par exemple : "L'ennui", "L'anxiété", "Ma famille", "La solitude", "Mes émotions douloureuses", "Le jugement".
3. **Quel soulagement cela vous procurait-il sur le moment** ? Qu'est-ce que cela vous donnait l'impression de "résoudre" ?
4. **Quelles en ont été les conséquences négatives** sur votre bien-être (santé physique ou mentale), vos relations, votre développement personnel ?

Cet exercice vous aidera à identifier les schémas d'évasion et à comprendre leur fonction protectrice initiale, tout en reconnaissant leurs limites et leurs coûts à long terme. En prenant conscience de ces stratégies, vous pouvez commencer à les remplacer par des mécanismes d'adaptation plus sains. Cela vous permettra de vous libérer des illusions de la liberté et de vous engager dans un travail de guérison qui apporte une véritable autonomie et une paix intérieure durable.

2.6 La Rébellion et la Contestation : Quand la Colère Devient une Voix

L'adolescence est aussi, par essence, une période de **rébellion**. C'est le moment où l'individu, cherchant à se définir et à s'affirmer, conteste l'autorité, les règles établies, et les valeurs qui lui ont été transmises. Cette révolte, souvent perçue par les adultes comme une simple crise, est en réalité un processus essentiel de différenciation. C'est en disant non que l'adolescent apprend à dire oui à ses propres choix, à ses propres valeurs.

Cependant, lorsque l'enfance a été marquée par l'oppression, l'injustice, ou le sentiment d'avoir été muselé, la rébellion adolescente peut prendre une forme plus intense, voire destructrice. Elle devient alors non seulement une quête d'identité, mais aussi une expression brute et parfois maladroite d'une colère et d'une frustration accumulées.

Comment ces blessures de l'enfance façonnent-elles la rébellion adolescente ?

Si vous avez grandi en ressentant un profond sentiment d'**injustice**, avec des règles changeantes, des punitions arbitraires ou un manque de reconnaissance de vos droits, votre rébellion adolescente peut être une tentative ardente de rétablir l'équilibre. Vous pourriez vous battre avec acharnement contre toute forme d'autorité perçue comme injuste, devenir un ardent défenseur des opprimés, ou vous engager dans des causes sociales ou politiques avec une intensité particulière. Cette quête de justice, bien que noble, peut aussi vous rendre inflexible, intolérant aux compromis, et vous pousser à des affrontements constants.

A l'image de Paul, dont l'enfance a été émaillée par des injustices et des punitions sévères de la part de son père. Adolescent, il ne supporte aucune forme d'autorité scolaire qu'il juge arbitraire. Il conteste systématiquement les professeurs, se bat pour les droits des élèves marginalisés et peut même défier ouvertement le règlement, qu'à en subir les conséquences. Sa rébellion est une soif inextinguible de justice, projetée sur le monde extérieur.

Si vous avez été rabaissé, **humilié** ou moqué dans votre enfance, la rébellion peut prendre la forme de la **provocation**. C'est un moyen inconscient de reprendre le pouvoir, de choquer pour exister, ou de se salir soi-même avant que les autres ne le fassent. Cela peut se traduire par un look excentrique, un langage grossier, des comportements défiant les normes sociales, ou une tendance à la dérision et au cynisme.

Comme pour Marion, qui, enfant, a été souvent ridiculisée pour sa gaucherie et ses erreurs. À l'adolescence, elle se teint les cheveux en couleurs vives, porte des vêtements déchirés, et se complaît dans des comportements volontairement sales ou choquants. Elle aime provoquer les réactions des adultes et de ses parents, comme si elle leur disait : "Vous m'avez humiliée ? Eh bien, regardez ce que je deviens, je ne vous donnerai plus prise !"

Pour ceux qui ont ressenti le **rejet ou l'abandon**, la rébellion peut se manifester par une **fuite dans la marginalité**. N'ayant pas trouvé leur place ou leur sentiment de valeur au sein du système familial ou social conventionnel, ils cherchent refuge dans des groupes alternatifs, des sous-cultures, ou des styles de vie non conformistes. C'est une tentative de trouver une acceptation inconditionnelle et un sentiment d'appartenance là où les règles sont moins strictes et le jugement moins visible.

Regardez le parcours de Mark, qui s'est toujours senti transparent et non désiré par son père. À l'adolescence, il se coupe des circuits traditionnels (école, sport) et se tourne vers un groupe d'amis marginaux qui partagent une passion pour la musique underground et un rejet des normes établies. Il trouve dans ce groupe une forme de validation et un sentiment d'appartenance qu'il n'a jamais eu, mais cette rébellion peut l'isoler davantage du reste de la société.

Parfois, la rébellion n'est pas explosive, mais prend la forme d'une **opposition systématique et passive**. Sans confrontation directe, l'adolescent résiste par l'inertie, la procrastination, l'oubli volontaire des tâches, ou une réticence à coopérer. C'est une manière d'exprimer une colère refoulée ou une frustration face au contrôle parental.

Charlotte a grandi dans une famille où sa voix n'était jamais entendue et où toutes les décisions étaient prises pour elle. À l'adolescence, elle devient une experte en résistance passive. Elle traîne les pieds pour faire ses devoirs, oublie constamment les consignes, et ne répond que par monosyllabes quand ses parents l'interrogent. Sa rébellion est un mur silencieux qu'elle érige pour affirmer une forme d'autonomie, même si elle se coupe aussi de toute communication constructive.

Une rébellion essentielle, mais à canaliser :

La rébellion adolescente est une étape nécessaire pour la construction d'une identité adulte. Elle permet de tester les limites, de définir ses propres valeurs et de prendre sa place.

Cependant, lorsque cette rébellion est principalement alimentée par des blessures non guéries, elle peut devenir une force autodestructrice, vous enfermant dans des schémas de conflit, de marginalisation ou de frustration.

La guérison ne consiste pas à étouffer cette énergie de contestation, mais à la comprendre et à la canaliser de manière constructive. Il s'agit de transformer la colère et la frustration en une force positive pour l'affirmation de soi, pour défendre ses propres valeurs, et pour construire une vie authentique, plutôt que de simplement réagir contre le passé.

Exercice pratique : Mes Actes de Rébellion Adolescents

Pensez à des moments de votre adolescence où vous vous êtes senti(e) en rébellion ou en opposition.

1. **Décrivez la situation** : quelle était la situation ? Qui ou quoi contestiez-vous (parents, professeurs, règles sociales, etc.) ?
2. **Comment avez-vous manifesté cette rébellion** ? Par exemple : opposition ouverte, mensonge, fugue, transgression de règles, changement de look, fréquentations différentes, silence.
3. **Quelle émotion profonde** (colère, frustration, injustice, peur, envie de liberté) nourrissait cette rébellion ?
4. **Pouvez-vous faire le lien entre cette forme de rébellion et une ou plusieurs de vos blessures d'enfance** ? Comment cette rébellion tentait-elle de "réparer" quelque chose du passé ?

Cet exercice vous aidera à comprendre les motivations profondes derrière vos comportements de rébellion adolescents. En identifiant la racine de votre rébellion, vous pourrez mieux comprendre vos schémas actuels de contestation ou de résistance. Cela vous donnera l'opportunité de transformer une énergie de réaction en une force d'affirmation de soi consciente, pour construire une identité adulte solide et authentique.

2.7 La Vulnérabilité et la Résilience : Les Fondations de l'Identité Authentique

L'adolescence, avec ses défis et ses turbulences, est une période où la **vulnérabilité est à son comble**. Entre le corps qui change, le détachement familial, la quête d'appartenance, les premiers amours et les élans de rébellion, l'adolescent est constamment exposé. Il est au carrefour de ce qu'il a été et de ce qu'il est en train de devenir, souvent sans mode d'emploi. C'est dans cette exposition que se révèlent les forces insoupçonnées de l'individu : sa **résilience**.

Cependant, la capacité à être vulnérable et à rebondir face à l'adversité dépend énormément des fondations posées pendant l'enfance. Lorsque les blessures profondes sont présentes, la vulnérabilité est souvent perçue comme une faiblesse, et la résilience, bien que présente, peut être difficile à mobiliser ou à reconnaître.

Quel est l'impact des blessures sur la gestion de la vulnérabilité et le développement de la résilience ?

Si vous avez grandi avec les blessures d'**humiliation, de rejet ou de trahison**, la vulnérabilité a pu être associée à la douleur et au danger. Montrer ses faiblesses, ses doutes, ou ses émotions profondes devenait risqué. L'adolescent apprend alors à ériger des **masques** pour se protéger, se montrant rigide, fuyant, ou contrôlant. Cette protection, bien qu'utile à court terme, entrave la capacité à se connecter authentiquement aux autres et à soi-même.

Comme Hugo, qui a souvent été ridiculisé pour sa sensibilité par son père. À l'adolescence, il s'efforce de toujours paraître fort et indifférent. Quand il est blessé par une remarque, il rit nerveusement ou change de sujet, refusant de montrer sa peine. Cette armure le protège, mais l'empêche de créer des liens profonds où il pourrait être vraiment lui-même et recevoir du soutien.

Malgré les blessures, chaque adolescent développe une forme de **résilience**. C'est la capacité à persévérer, à s'adapter, à trouver des solutions, même dans un environnement difficile. Cependant, cette résilience peut être masquée par les mécanismes d'adaptation qui ont été développés. Par exemple, la surperformance scolaire peut être une forme de résilience, mais elle est teintée d'une pression interne énorme. L'hyper-indépendance est une forme de résilience, mais elle peut isoler.

Prenez l'exemple d'Émilie, qui a grandi dans un foyer chaotique où elle se sentait souvent abandonnée. Pour survivre, elle est devenue extrêmement autonome, gérant ses études, ses finances, et même une partie de son quotidien toute seule, très tôt. C'est une immense preuve de résilience. Cependant, cette autonomie est si forte qu'elle refuse toute aide, ne fait jamais confiance aux autres et se surmène, de peur de dépendre de quelqu'un et de revivre l'abandon. Sa résilience est présente, mais elle est teintée de méfiance et de solitude.

Les adolescents ayant des blessures non traitées peuvent avoir du mal à exprimer leurs émotions de manière saine. La tristesse peut se transformer en colère, l'anxiété en agitation, et la peur en évitement. Ce manque de régulation émotionnelle, combiné à la difficulté à se montrer vulnérable, peut conduire à un **sentiment d'isolement profond**, même au sein d'un groupe d'amis. Les expériences douloureuses sont alors intériorisées, sans être partagées ni apaisées.

Par exemple comme Jean, qui, ayant vécu la blessure d'abandon et le sentiment d'être en trop, a appris à cacher sa tristesse. Adolescent, quand il traverse ses premières déceptions amoureuses, il ne se confie à personne. Il se mure dans le silence, écoute de la musique triste et rumine ses pensées. Ses amis perçoivent son retrait mais n'arrivent pas à percer sa carapace, ce qui renforce son sentiment de solitude et l'empêche de guérir.

Malgré la douleur, l'adolescence est aussi une période où l'on commence à chercher un sens aux épreuves. Les blessures peuvent, paradoxalement, forger un caractère, développer une forte empathie pour autrui (pour celui qui a été soignant, par exemple), ou une résilience à toute épreuve. Cette capacité à donner du sens à la souffrance est un pilier de la résilience et de la construction d'une identité authentique.

Voyons Léa, qui a traversé une adolescence marquée par des conflits familiaux intenses et le sentiment d'injustice. Au lieu de se laisser abattre, elle développe une forte conscience sociale et un désir ardent d'aider les autres. Elle s'engage dans des associations, milite pour des causes humanitaires, et choisit des études dans le social. Sa résilience s'exprime par sa capacité à transformer sa propre souffrance en un moteur pour un engagement altruiste.

Cultiver une résilience authentique :

L'objectif n'est pas de nier les blessures de l'adolescence, mais de comprendre comment elles ont influencé votre capacité à être vulnérable et à mobiliser votre résilience. Guérir ces blessures permet de transformer une **résilience de survie** (qui coûte beaucoup d'énergie et peut vous isoler) en une **résilience authentique** – une force intérieure qui vous permet de faire face aux défis de la vie avec plus de souplesse, de compassion envers vous-même et d'ouverture aux autres.

C'est en acceptant votre vulnérabilité, en reconnaissant que la force ne réside pas dans l'absence de faiblesses mais dans la capacité à les embrasser, que vous pouvez construire une identité adulte solide, ancrée et libre.

Exercice pratique : Ma Résilience Adolescente

Prenez un moment pour réfléchir à une ou deux situations difficiles que vous avez traversées pendant votre adolescence.

1. **Décrivez la situation** : quelle a été cette épreuve ? Par exemple : un échec scolaire, une rupture amoureuse, une dispute familiale majeure, un déménagement, une maladie.
2. **Comment avez-vous réagi à cette épreuve sur le moment** ? Par exemple : vous vous êtes isolé(e), vous avez demandé de l'aide, vous avez lutté seul(e), vous vous êtes plongé(e) dans une activité.
3. **Quelles forces intérieures ou ressources extérieures** (amis, adultes de confiance, passions) avez-vous mobilisées pour traverser cette épreuve ? C'est ça, votre résilience !
4. **Qu'avez-vous appris sur vous-même et sur votre capacité à faire face aux difficultés** grâce à cette expérience ?

Cet exercice vous aidera à reconnaître votre propre résilience, même si elle a pu être masquée par des mécanismes d'adaptation. En valorisant ces moments de force, vous renforcerez votre estime de soi et votre confiance en votre capacité à surmonter les défis. Cela vous permettra de cultiver une résilience plus consciente et plus saine dans votre vie d'adulte, en vous appuyant sur vos forces véritables plutôt que sur des mécanismes de défense épuisants.

Chapitre 3 : La Stase : Quand les Vieilles Solutions Cèdent la Place au Vide

Après les turbulences de l'adolescence, et souvent après des années passées à s'adapter tant bien que mal aux blessures de l'enfance, de nombreuses personnes entrent dans une phase que l'on pourrait qualifier de stase. Ce terme, tiré du grec ancien, signifie un arrêt, un état d'équilibre où le mouvement est suspendu.

Psychologiquement, la stase représente ce moment charnière où les stratégies d'adaptation développées depuis l'enfance – qu'il s'agisse de la timidité, de la fuite, de la dépendance affective ou de la culpabilité – atteignent leurs limites. Les solutions qui semblaient autrefois fonctionner, même imparfaitement, commencent à s'essouffler, laissant derrière elles un sentiment profond de vide, de stagnation, et un mal-être diffus.

Ce chapitre explore cette période cruciale, souvent caractérisée par un épuisement des tentatives de contrôle et une prise de conscience de l'inefficacité des mécanismes de défense appris. C'est un temps où le corps et l'esprit, fatigués de lutter, signalent qu'un changement profond est non seulement nécessaire, mais imminent.

3.1 L'Épuisement des Stratégies d'Adaptation : Quand le Corps et l'Esprit Disent STOP

Durant l'enfance et l'adolescence, face à des environnements souvent complexes et exigeants, vous avez développé une panoplie de **stratégies d'adaptation**. Ces mécanismes, qu'ils soient conscients ou inconscients, avaient un objectif unique : survivre psychologiquement et minimiser la douleur. Que ce soit le repli sur soi, la timidité, la quête constante d'approbation, la suradaptation, l'auto-culpabilisation, ou l'évitement, ces comportements ont servi de boucliers et de béquilles. Cependant, ces stratégies, bien que protectrices à court terme, sont extrêmement énergivores et ne sont pas durables.

L'**épuisement** survient lorsque votre corps et votre esprit, sollicités à l'extrême pour maintenir ces façades et gérer les émotions sous-jacentes, atteignent leurs limites. C'est un peu comme un ordinateur dont le processeur tourne à plein régime sans interruption : inévitablement, il surchauffe et ralentit. Cet épuisement n'est pas seulement physique ; il est émotionnel et mental.

Sur le plan émotionnel, vous pouvez vous sentir vide, apathique, incapable de ressentir de la joie ou même une tristesse intense. Les émotions sont anesthésiées par surrégulation ou par la fatigue de les contenir. L'irritabilité et la frustration deviennent des compagnons constants, signes que la tension interne est à son comble.

Sur le plan mental, la concentration diminue, la mémoire est altérée, et la capacité à prendre des décisions simples devient ardue. Les pensées peuvent devenir confuses, répétitives, voire obsessionnelles, car l'esprit continue de chercher des solutions là où il n'y en a plus.

Cet épuisement marque la fin de l'efficacité des vieilles solutions. Par exemple, si vous avez toujours fui les conflits en vous adaptant à tout le monde, vous pouvez vous retrouver incapable de faire le moindre choix personnel. Si vous avez toujours cherché l'approbation extérieure, vous pouvez vous sentir vide et déconnecté de vous-même, même après avoir obtenu la reconnaissance tant convoitée. Si vous vous êtes toujours sacrifié pour les autres, vous pouvez ressentir un immense ressentiment et une amertume profonde.

L'**effondrement des mécanismes de contrôle** est une caractéristique clé de cette phase. Jusque-là, vous avez tenté de maîtriser votre environnement, vos relations, et même vos propres émotions en utilisant ces stratégies. Mais l'épuisement révèle l'illusion de ce contrôle. Les choses continuent de se produire malgré tous les efforts déployés pour les éviter ou les gérer. C'est la réalisation que vous ne pouvez pas tout contrôler, et que cette tentative a un coût exorbitant. C'est le début d'une phase de désillusion nécessaire, où vous devez faire face à la réalité de vos limites et à l'inefficacité de vos anciennes protections. Ce n'est pas un échec, mais une étape cruciale vers une véritable transformation.

Bien que difficile, cette période est paradoxalement bénéfique. C'est un **point de rupture**, un signal d'alarme qui vous force à reconsidérer votre mode de fonctionnement. L'épuisement peut être le catalyseur d'un changement profond, vous poussant à chercher de nouvelles voies, de nouvelles ressources, et à remettre en question des schémas de pensée et de comportement qui étaient jusque-là tenus pour acquis. C'est l'invitation à abandonner ce qui ne sert plus et à vous ouvrir à de nouvelles possibilités.

Exercice pratique : Mon Bilan des Stratégies Épuisées

Dans votre carnet, listez 3 à 5 stratégies d'adaptation que vous avez utilisées de manière répétée dans votre vie (par exemple : "toujours dire oui", "éviter les conflits", "chercher la perfection", "rester seul(e)", "culpabiliser").

1. **Décrivez la stratégie** : Comment la mettez-vous en œuvre concrètement ?
2. **Bénéfice supposé** : Quel était l'avantage que vous pensiez en tirer à l'origine (par exemple : "ne pas décevoir", "être aimé", "éviter les problèmes") ?
3. **Coût actuel** : Quel est le prix que vous payez aujourd'hui pour maintenir cette stratégie (par exemple : "épuisement chronique", "ressentiment envers les autres", "perte de vous-même", "solitude persistante") ?
4. **Quand avez-vous senti qu'elle ne fonctionnait plus** ? Donnez un exemple précis d'une situation où cette stratégie n'a plus eu l'effet escompté ou vous a même causé plus de problèmes.

Cet exercice vous aidera à prendre conscience de l'inefficacité actuelle de vos anciennes stratégies et du coût qu'elles représentent. En réalisant qu'elles sont épuisantes et coûteuses, vous créerez une ouverture pour envisager de nouvelles manières d'agir. C'est un pas essentiel vers le lâcher-prise des vieilles habitudes et l'exploration de chemins plus sains.

3.2 Le Vide Existentiel : Quand les Attentes Extérieures Ne Suffisent Plus

L'épuisement des stratégies d'adaptation mène inévitablement à un sentiment de **vide existentiel**. Ce n'est pas une simple tristesse ou une phase dépressive passagère, mais une absence de sens, une impression de déconnexion profonde avec soi-même et avec le monde. Ce vide survient souvent lorsque vous réalisez que les objectifs et les réussites dictés par les attentes extérieures – qu'elles soient familiales, sociales, ou professionnelles – ne procurent plus la satisfaction espérée.

Pendant des années, vous avez pu être programmé à poursuivre des objectifs tels que :

La réussite professionnelle : Obtenir un certain poste, un salaire élevé, une reconnaissance sociale. Imaginons le cas de Marc, qui, depuis son adolescence, a toujours rêvé de devenir un cadre supérieur. Il a travaillé sans relâche, gravi les échelons, et a finalement obtenu le poste de ses rêves. Pourtant, une fois installé dans son grand bureau, au lieu de la joie et de la satisfaction attendues, il ressent un vide étrange. Le succès ne lui apporte pas le bonheur, et il se demande pourquoi il a tant lutté.

Le mariage/la famille : Fonder un foyer, avoir des enfants, correspondre à l'image du couple parfait. Prenons l'exemple de Sylvie, qui a toujours eu pour objectif de se marier et d'avoir des enfants, poussée par une pression familiale subtile. Elle a construit une famille en apparence parfaite, mais se sent submergée et déconnectée. Les moments de joie sont rares, et elle se demande si cette vie est vraiment la sienne, ou si elle a simplement coché toutes les cases sans se poser la question de ses propres désirs.

La conformité sociale : Adopter un certain mode de vie, des apparences, des comportements qui plaisent aux autres. Considérons le cas de Jean-Marc, qui a passé sa vie à s'assurer de correspondre aux attentes de son milieu social : une belle voiture, une maison impeccable, des vacances à la mode. Il est admiré par ses connaissances, mais au fond de lui, il se sent vide et fatigué de maintenir cette façade. Les discussions superficielles l'ennuient, et les apparences ne lui apportent plus aucun plaisir.

La quête de validation : Chercher constamment l'approbation des parents, des amis, des collègues. Voyons le parcours de Christelle, qui a toujours tout fait pour plaire à ses parents et à ses amis. Elle a choisi la carrière qu'ils trouvaient raisonnable, a toujours été la bonne copine conciliante. Mais maintenant, elle ressent une immense frustration. La validation des autres est éphémère, et elle ne sait plus qui elle est sans leur regard approbateur, ni ce qu'elle veut vraiment pour elle-même.

Le problème est que ces objectifs, bien que légitimes en soi, étaient peut-être guidés par des motivations externes, et non par un alignement profond avec vos propres désirs et valeurs. Une fois ces objectifs atteints, ou même en voie d'être atteints, le sentiment de "ça ne suffit pas" apparaît. La promotion professionnelle n'apporte pas le bonheur escompté, la vie de famille est lourde de responsabilités sans la joie espérée, et la validation des autres est éphémère et ne remplit pas le vide intérieur.

Ce vide est d'autant plus difficile à vivre qu'il est souvent incompris par l'entourage. "Mais vous avez tout pour être heureux ! Qu'est-ce qui ne va pas ?" Ces remarques, bien intentionnées, peuvent renforcer le sentiment de honte et d'isolement, car vous pouvez vous sentir ingrat et incapable d'expliquer ce mal-être diffus. Vous pouvez avoir l'impression d'être défectueux, ou de ne pas "mériter" le bonheur.

Les manifestations du vide existentiel :

Apathie et perte d'intérêt : Les activités qui procuraient autrefois du plaisir n'ont plus de saveur.

Déconnexion émotionnelle : Difficulté à ressentir des émotions fortes, bonnes ou mauvaises.

Questionnement du sens : Remise en question profonde de vos choix de vie, de votre existence, de votre direction.

Fatigue chronique : L'esprit, même s'il ne fournit plus d'efforts pour maintenir des masques, est épuisé par l'absence de motivation et de sens.

Sentiment de solitude profonde : Même entouré, vous pouvez vous sentir seul et incompris.

Ce vide n'est pas une fin en soi, mais une invitation au changement. C'est le signal que les béquilles externes ne fonctionnent plus et que la véritable satisfaction ne peut venir que de l'intérieur. C'est le moment où la quête de sens véritable peut enfin commencer, en vous tournant vers vos propres besoins, désirs et valeurs, plutôt que vers ceux des autres.

Le vide existentiel, aussi effrayant soit-il, est un espace nécessaire. C'est le moment où les vieilles fondations s'effondrent pour laisser place à la construction de quelque chose de plus authentique. C'est une opportunité unique de vous réaligner avec vous-même, de découvrir ce qui a vraiment du sens, et de construire une vie basée sur des motivations intrinsèques.

Exercice pratique : Mon Inventaire du Vide

Asseyez-vous dans un endroit calme. Prenez conscience de ce sentiment de vide ou de mal-être diffus.

1. **Où le ressentez-vous** ? Dans le corps, ou dans l'esprit ? Soyez précis : ressentez-vous une boule dans la poitrine, un nœud dans la gorge, un poids sur l'estomac, ou une confusion mentale ?
2. **Quelles sont les attentes extérieures** ? Listez les objectifs ou les rôles que vous avez poursuivis principalement pour plaire ou pour correspondre à une image (par exemple : "être un bon enfant/époux/parent", "avoir un emploi stable", "être toujours souriant et positif", "réussir coûte que coûte").
3. **La déception du "pas assez"** : Pour chacun de ces éléments, notez ce que vous ressentez maintenant que vous les avez atteints (ou même si vous ne les avez pas atteints) : "Ça ne me rend pas heureux", "Je me sens vide", "Je me sens piégé", "Je me sens perdu(e)".
4. **L'invitation du vide** : Si ce vide pouvait vous parler, que vous dirait-il ? (Écoutez la première pensée qui vient, sans la juger. Cela peut être une phrase, un mot, une image).

Cet exercice vous aidera à valider le sentiment de vide et à identifier les attentes externes qui ont contribué à sa création. Il permet de légitimer ce que vous ressentez et de déculpabiliser. Il aide à comprendre que ce vide est un signal, non un défaut, et qu'il vous invite à reconsidérer vos priorités et à chercher le sens en vous.

3.3 Le Tournant : Quand la Douleur Devient Catalyseur de Changement

La période de stase, avec son cortège d'épuisement et de vide, est souvent un prélude à un tournant majeur. Ce n'est pas un changement que l'on choisit confortablement, mais un basculement inévitable, souvent déclenché par une douleur devenue insupportable. La souffrance, qu'elle soit émotionnelle, physique ou existentielle, atteint un seuil tel qu'elle ne peut plus être ignorée ou gérée par les anciennes méthodes. C'est ce point de non-retour qui agit comme un **catalyseur de changement**, vous forçant à reconsidérer fondamentalement votre vie et à chercher des solutions nouvelles.

Les déclencheurs du tournant :

Le tournant peut être brutal, comme un accident de voiture, une maladie grave, un burn-out professionnel, une rupture amoureuse dévastatrice, un deuil inattendu, ou la perte d'un emploi. Il peut aussi être plus insidieux, une accumulation de petites déceptions et de mal-être qui finit par atteindre une masse critique.

La maladie comme signal : Votre corps, souvent négligé ou sur-sollicité pour maintenir les mécanismes de défense, peut envoyer des signaux forts sous forme de maladies chroniques, de fatigue inexpliquée, ou de troubles psychosomatiques. C'est le corps qui crie ce que l'esprit n'a pas voulu entendre : "Stop ! Vous ne pouvez plus continuer ainsi." Prenons l'exemple de Claire, qui a toujours mis ses besoins de côté pour plaire aux autres et maintenir la paix familiale (stratégie d'adaptation liée à la blessure d'humiliation). Après des années de suradaptation, elle développe une maladie auto-immune chronique. Les médecins ne trouvent pas de cause claire, mais la douleur physique constante et l'épuisement la forcent à s'arrêter et à écouter son corps, qui lui envoie un message clair : cette façon de vivre n'est plus tenable.

Le burn-out : L'épuisement professionnel ou personnel, résultant d'une surcharge de responsabilités, d'un perfectionnisme excessif, ou d'une quête de validation sans fin, mène à un état d'épuisement total où la moindre tâche semble insurmontable. Comme pour David, un perfectionniste acharné qui cherche constamment à prouver sa valeur au travail. Il finit par s'effondrer en plein milieu d'une réunion, victime d'un burn-out sévère. Incapable de se lever le matin, il réalise que son besoin de tout contrôler et d'être irréprochable l'a mené à sa perte. Cet événement est le déclencheur qui le pousse à envisager de revoir ses priorités et de se faire aider.

La crise relationnelle : Une relation significative (amoureuse, amicale, familiale) atteint un point de rupture, souvent parce que les dynamiques de dépendance ou d'évitement ne sont plus tenables. Parlons d'Élodie, qui a toujours été dans des relations fusionnelles, cherchant à combler sa blessure d'abandon. Son compagnon la quitte, épuisé par sa jalousie excessive et son besoin constant de validation. Dévastée, Élodie se retrouve face à un vide immense. Cette rupture, bien que douloureuse, est le choc qui la pousse à réaliser qu'elle doit apprendre à s'aimer et à se suffire à elle-même avant de pouvoir construire une relation saine.

La mort d'un proche : Le deuil peut être un déclencheur puissant, vous confrontant à la finitude de l'existence et à la nécessité de vivre pleinement votre propre vie. Comme c'est le cas pour Thomas, qui a perdu sa mère subitement. Pendant des années, il a repoussé ses propres rêves pour répondre aux attentes de sa famille. Le deuil brutal le confronte à la fugacité de la vie et au regret. Il réalise qu'il ne peut plus attendre pour vivre ses propres aspirations, même si cela signifie rompre avec des schémas établis. La douleur du deuil devient le moteur de sa transformation.

La douleur comme moteur :

Ces événements douloureux, bien que déstabilisants, sont des opportunités. Ils vous forcent à faire face à votre vulnérabilité et à l'inefficacité de vos anciennes stratégies. C'est à ce moment-là que vous pouvez commencer à vous ouvrir à l'idée d'une aide extérieure, qu'il s'agisse d'une thérapie, de l'exploration de nouvelles philosophies, ou du soutien de personnes qui vous aiment pour ce que vous êtes.

Recherche d'aide : C'est souvent le moment où l'on est enfin prêt à consulter un psychologue, un thérapeute, un coach, ou à s'engager dans des pratiques de bien-être (méditation, yoga).

Remise en question des valeurs : Le tournant force à réévaluer ce qui est vraiment important dans la vie. Les illusions s'effondrent, et une quête de sens plus authentique émerge.

L'abandon des attentes extérieures : Le poids de la douleur est si grand que vous êtes souvent prêt à abandonner les rôles et les attentes extérieures qui vous ont étouffé, pour enfin écouter vos propres besoins.

Ce tournant, bien que perçu initialement comme une catastrophe, est en réalité une libération. C'est le moment où vous êtes forcé de laisser tomber le passé et d'envisager une nouvelle direction. C'est une invitation à la transformation, à la croissance, et à la construction d'une vie plus alignée avec votre véritable moi. Le mal-être, paradoxalement, devient la force motrice qui pousse vers le changement et la guérison.

Exercice pratique : Mon Tournant Personnel

Pensez à un moment dans votre vie où vous avez senti un "point de rupture", où les choses ne pouvaient plus continuer comme avant.

1. **Décrivez l'événement ou la période** : Qu'est-ce qui s'est passé ? (Soyez précis, sans vous juger. Peut-être est-ce une seule situation ou une accumulation).
2. **La douleur associée** : Quelles émotions intenses avez-vous ressenties à ce moment-là ? (Par exemple : "Désespoir", "Épuisement total", "Colère immense", "Peur panique", "Tristesse profonde").
3. **L'abandon de l'illusion** : Quelle illusion (sur vous-même, les autres, la vie) avez-vous été forcé(e) d'abandonner à ce moment-là ? (Par exemple : "Je peux tout contrôler", "Je dois toujours être parfait", "Les autres me rendront heureux", "Je suis invincible").
4. **Le désir de changement** : Quel a été le premier petit pas ou la première idée qui a émergé de ce désir de changer ? (Par exemple : "Chercher de l'aide", "Lire un livre de développement personnel", "Parler à un ami", "Prendre une décision difficile").

Cet exercice vous aidera à reconnaître le rôle de la douleur et des crises comme catalyseurs de changement et de croissance personnelle. Il permet de recontextualiser les moments difficiles non pas comme des échecs, mais comme des opportunités de transformation. Il renforce l'idée que vous avez la capacité de rebondir et de trouver des ressources, même dans l'adversité, ouvrant la voie à une guérison plus profonde.

3.4 La Quête de Sens : Reconstruire sur des Fondations Authentiques

Le vide existentiel et le tournant douloureux qui en découlent ne sont pas une fin, mais le début d'une **quête de sens** plus profonde et plus authentique. Ayant épuisé les solutions superficielles et les attentes externes, vous vous retrouvez face à vous-même, invité à redéfinir ce qui donne véritablement un sens à votre existence. C'est le moment de la reconstruction, non plus sur des fondations fragiles héritées du passé, mais sur des piliers solides, ancrés dans vos propres valeurs et désirs.

Cette quête de sens est profondément personnelle et ne peut être dictée par autrui. Elle implique de vous poser des questions fondamentales :

"Qu'est-ce qui me passionne réellement, indépendamment de ce que les autres en pensent ?"

"Quelles sont mes valeurs profondes ? Qu'est-ce qui est non négociable pour moi ?"

"Comment puis-je contribuer au monde, à ma manière, avec mes forces ?"

"Qu'est-ce qui me nourrit véritablement et me procure un sentiment d'alignement ?"

Les étapes de la reconstruction de sens :

L'introspection active : C'est une période où vous vous tournez vers l'intérieur. Cela peut se faire par la méditation, la tenue d'un journal intime, des promenades solitaires, ou des moments de silence et de contemplation. L'objectif est d'écouter votre voix intérieure, de reconnaître vos propres désirs et de démêler ce qui vous appartient de ce qui a été inculqué par l'extérieur. Prenons Caroline, qui, après un burn-out, se met à tenir un journal intime. Jour après jour, elle note ses pensées, ses rêves oubliés, et ses émotions profondes. Elle redécouvre ainsi son amour pour l'écriture, une passion qu'elle avait mise de côté pour une carrière jugée plus "sûre" par sa famille. Ce processus l'aide à identifier ses aspirations authentiques.

La redéfinition des valeurs : Les valeurs sont les principes qui guident nos vies. Si les valeurs passées étaient souvent héritées (par exemple : "il faut réussir socialement", "il faut toujours aider les autres"), la quête de sens invite à identifier vos propres valeurs fondamentales (par exemple : "authenticité", "liberté", "contribution", "créativité", "bienveillance", "justice"). Lorsque vos actions sont alignées avec ces valeurs, un sentiment de cohérence et de satisfaction émerge. Citons l'exemple de Daniel, qui, après son tournant, réalise que sa valeur primordiale est la liberté et non la reconnaissance sociale que ses parents lui avaient inculquée. Il décide alors de quitter son emploi bien rémunéré mais étouffant pour lancer sa propre petite entreprise, acceptant une sécurité financière moindre mais retrouvant un alignement avec ce qui compte vraiment pour lui.

L'exploration de nouveaux chemins : Ayant identifié de nouvelles valeurs, vous êtes poussé à explorer de nouvelles voies, que ce soit dans votre carrière, vos relations, vos loisirs, ou votre mode de vie. Cela peut signifier un changement professionnel audacieux, l'apprentissage d'une nouvelle compétence, la rupture avec des relations toxiques, ou l'engagement dans une cause qui vous tient à cœur. Considérons le parcours de Soraya, qui, après des années à s'adapter et à se sentir vide, découvre que sa valeur profonde est la contribution. Elle se porte volontaire dans une association d'aide aux enfants défavorisés. Ce nouvel engagement, qui n'était pas du tout dans ses habitudes, lui apporte un sentiment de joie et d'utilité qu'aucune de ses anciennes activités ne lui procurait.

L'action consciente et progressive : La reconstruction ne se fait pas du jour au lendemain. C'est un processus progressif, jalonné de petites actions conscientes. Chaque pas, aussi modeste soit-il, dans la direction de ce qui a du sens, renforce le sentiment d'autonomie et de direction. C'est un mouvement vers l'avant, loin de la stase du passé. Comme pour Marco, qui, après avoir identifié que son vide venait d'un manque de créativité dans sa vie, commence par de petits pas. Il s'inscrit à un cours de poterie le soir, puis se met à peindre le week-end, avant d'envisager de réorienter une partie de sa carrière vers un domaine plus artistique. Chaque petite action nourrit son sentiment d'alignement.

L'acceptation de l'incertitude : Reconstruire sa vie sur de nouvelles bases implique souvent d'embrasser l'incertitude. Le chemin n'est pas toujours clair, mais la confiance en sa boussole intérieure et en sa capacité à s'adapter remplace le besoin de contrôle. Comme c'est le cas pour Lucie, qui, après avoir vécu une relation fusionnelle, décide de rester célibataire un temps pour se retrouver. C'est une période d'incertitude et de doutes, mais elle apprend à faire confiance à son intuition. Elle accepte de ne pas savoir ce que l'avenir lui réserve, mais elle est confiante dans sa capacité à construire des relations plus saines le moment venu, guidée par sa nouvelle valeur d'autonomie.

La quête de sens est un cheminement qui, bien que parfois ardu, mène à une satisfaction profonde et durable. Elle permet de retrouver une motivation intrinsèque, une joie de vivre qui ne dépend plus des validations extérieures, et un sentiment de paix intérieure. En vous réalignant avec votre véritable moi, vous construisez une vie riche de sens, où chaque choix est une affirmation de votre authenticité. Le vide se remplit alors non pas d'artifices, mais d'une plénitude authentique.

Exercice pratique : Mes Valeurs Fondamentales

Prenez une liste de valeurs (vous pouvez en trouver facilement en ligne, par exemple : "liberté", "sécurité", "créativité", "amour", "contribution", "intégrité", "reconnaissance", "équilibre", "croissance", "famille", "aventure", "sérénité", etc.).

1. **Première sélection** : Entourez les 10 à 15 valeurs qui vous parlent le plus.
2. **Réduction** : Parmi celles-ci, choisissez les 5 valeurs qui vous sont les plus importantes, celles que vous défendriez coûte que coûte.
3. **La valeur numéro 1** : Parmi ces 5, quelle est LA valeur primordiale qui guide vos choix et qui vous définit le plus ?
4. **Actions** : Pensez à 3 actions concrètes que vous pouvez faire cette semaine pour aligner davantage votre vie sur votre valeur principale. Ces actions peuvent être petites ou grandes, mais doivent être réalistes et faisables.

Cet exercice vous aidera à identifier vos valeurs fondamentales pour guider vos choix futurs et reconstruire un sens de vie authentique. Clarifier ses valeurs permet de prendre des décisions plus alignées avec son être profond, de réduire les conflits internes et d'augmenter le sentiment de satisfaction et de cohérence dans sa vie. C'est la boussole pour sortir de la stase et avancer avec direction.

3.5 La Remise en Question des Croyances Limitantes : Briser les Chaînes Invisibles

La phase de stase révèle non seulement l'épuisement des stratégies d'adaptation, mais aussi la force des **croyances limitantes** qui ont été forgées durant l'enfance. Ces croyances sont des affirmations que l'on tient pour vraies sur soi-même, les autres ou le monde, souvent inconscientes, mais qui dictent nos comportements et nos réactions. Elles agissent comme des chaînes invisibles qui nous maintiennent dans un état de stagnation, même lorsque l'on désire ardemment changer.

Qu'est-ce qu'une croyance limitante ?

Une croyance limitante est une idée profondément enracinée qui vous empêche d'atteindre vos objectifs, de réaliser votre potentiel ou de vivre pleinement. Elles sont souvent formées par :

Les messages de l'enfance : Des phrases entendues à répétition (par exemple : "Tu es trop sensible", "Tu n'y arriveras jamais", "Avoir de l'argent, c'est mal", "Il faut souffrir pour être heureux").

Les expériences douloureuses : Un échec, une trahison, un rejet peuvent donner naissance à des généralisations (par exemple : "Je ne suis pas aimable", "Je ne peux faire confiance à personne", "Toutes les relations finissent mal").

Les comparaisons sociales : Se comparer aux autres et en tirer des conclusions négatives sur soi-même (par exemple : "Je ne suis pas assez intelligent/belle/fort").

Exemples de Croyances Limitantes Courantes :

"Je ne suis pas digne d'être aimé(e)."

"Je suis un(e) raté(e)."

"Je ne peux pas faire confiance aux autres."

"Je dois toujours être parfait(e)."

"Mes besoins ne sont pas importants."

"Le bonheur est toujours éphémère."

"Je suis destiné(e) à reproduire les erreurs de mes parents."

Le Processus de remise en question :

Pour briser ces chaînes, il est nécessaire de rendre ces croyances conscientes et de les confronter :

Identifier la croyance : La première étape est de l'identifier. Lorsqu'une émotion intense (peur, anxiété, frustration) survient, ou que vous vous sentez bloqué, demandez-vous : "Quelle pensée ou quelle croyance se cache derrière ce sentiment ou ce comportement ?"

Imaginons que Cindy hésite constamment à prendre la parole en réunion. En se posant la question, elle réalise qu'elle pense que ses idées ne sont pas assez bonnes, qu'on va se moquer d'elle.

Mettre en doute la croyance : Une fois identifiée, questionnez sa validité. "Est-ce vraiment vrai ? Toujours ? Y a-t-il des exceptions ?" Cherchez des preuves qui la contredisent, même minimes.

Cindy réfléchit : "Est-ce que toutes mes idées ont été mauvaises ? Non, parfois on m'a félicitée. Est-ce que tout le monde se moque ? Absolument pas, certains ont été très encourageants."

Comprendre son origine : Remontez à la source. D'où vient cette croyance ? Est-ce un message parental, une interprétation d'un événement passé ? Comprendre qu'elle n'est pas une vérité absolue, mais une construction, aide à la décharger de son pouvoir.

Cindy se souvient qu'enfant, ses parents la coupaient souvent ou se moquaient de ses idées jugées farfelues, lui faisant croire qu'elle devait se taire pour éviter la critique.

Reformuler en croyance aidante : Transformez la croyance limitante en une croyance plus positive et aidante.

Exemple : De "Je ne suis pas digne d'être aimé(e)" à "Je suis digne d'amour tel que je suis, et je peux apprendre à construire des relations saines."

Exemple : De "Je dois être parfait(e)" à "Je fais de mon mieux, et mes imperfections font partie de mon humanité."

Pour Cindy : De "Mes idées ne sont pas assez bonnes" à "Mes idées ont de la valeur et je peux les exprimer sereinement."

Agir contre la croyance : Le moyen le plus puissant de déprogrammer une croyance est d'agir en contradiction avec elle. Faites de petits pas qui prouvent à votre cerveau que la nouvelle croyance est plus juste.

Exemple : Si vous croyez "Je ne peux faire confiance à personne", faites l'effort de partager une petite vulnérabilité avec une personne de confiance.

Cindy décide de prendre la parole une fois dans la prochaine réunion, même si ce n'est que pour poser une question mineure.

Les bénéfices de la remise en question des croyances limitantes sont multiples :

Libération du passé : Vous vous libérez des scénarios répétitifs imposés par ces croyances.

Accès à votre potentiel : En brisant les barrières mentales, vous débloquez de nouvelles capacités et opportunités.

Meilleure estime de soi : Vous construisez une image de vous-même plus juste et bienveillante.

Prise de décision éclairée : Vos choix sont basés sur la réalité présente et vos désirs, et non plus sur des peurs anciennes.

Plus de liberté et d'autonomie : Vous devenez le maître de votre propre récit de vie.

Les croyances limitantes sont des programmes que nous avons installés sans le savoir. La phase de stase est le moment idéal pour les identifier, les débugger, et les remplacer par des programmes plus adaptés à la personne libre et authentique que vous êtes en train de devenir. C'est un acte de reprise de pouvoir sur votre propre esprit.

Exercice pratique : Mon Détective de Croyances

Quand vous vous sentez bloqué, anxieux, ou que vous réagissez d'une manière qui ne vous plaît pas, prenez un moment pour faire le détective.

1. **Le comportement/l'émotion problématique** : Décrivez la situation ou l'émotion. (Par exemple : "Je procrastine sur ce projet", "Je me sens très anxieux avant une rencontre sociale", "Je ne dis jamais non", "Je me compare constamment aux autres").
2. **La croyance sous-jacente** : Demandez-vous : "Quelle croyance est à l'origine de ce comportement ou de cette émotion ?" (Par exemple : "Je ne suis pas assez bon pour ce projet", "Les autres vont me juger", "Si je dis non, on ne m'aimera plus", "Je ne serai jamais aussi bien qu'eux").
3. **Les preuves contraires** : Listez 3 preuves dans votre vie qui contredisent cette croyance. (Par exemple : "J'ai déjà réussi d'autres projets", "Certaines personnes m'aiment tel que je suis", "J'ai déjà dit non une fois et ça s'est bien passé", "J'ai mes propres qualités uniques").
4. **La nouvelle croyance** : Reformulez la croyance limitante en une croyance positive et aidante. (Par exemple : "Je suis capable d'apprendre et de progresser", "Je peux être moi-même et être accepté", "Mes besoins comptent aussi", "Ma valeur ne dépend pas de la comparaison avec les autres").
5. **Une petite action** : Déterminez une petite action que vous allez faire dans les 24h pour agir en accord avec cette nouvelle croyance. Choisissez quelque

chose de faisable qui vous sorte un tout petit peu de votre zone de confort.

Cet exercice vous aidera à démanteler les croyances limitantes et à les remplacer par des croyances plus aidantes. En rendant conscientes ces croyances invisibles et en agissant contre elles, vous briserez leur emprise. Chaque fois que vous les remettez en question, vous gagnerez en clarté, en confiance et en liberté d'action. C'est un processus continu qui transformera votre paysage intérieur.

3.6 L'Acceptation Radicale : Accueillir Ce Qui Est, Pour Avancer

Après avoir identifié l'épuisement des vieilles stratégies, reconnu le vide existentiel et commencé à remettre en question les croyances limitantes, la prochaine étape cruciale dans cette phase de stase est l'**acceptation radicale**. Ce n'est pas une résignation passive, mais un acte puissant de courage qui consiste à reconnaître et à accueillir pleinement la réalité de ce qui est, sans jugement, sans résistance, et sans tentative de le changer sur le moment. C'est accepter le passé tel qu'il a été, le présent tel qu'il se manifeste, et soi-même tel que l'on est, avec ses blessures et ses imperfections.

L'acceptation radicale est particulièrement difficile lorsque l'on a été programmé, par ses blessures d'enfance, à fuir la douleur, à contrôler les situations ou à masquer ses faiblesses. Pourtant, c'est en cessant de lutter contre ce qui est que l'on libère l'énergie nécessaire à la transformation.

Pourquoi l'acceptation radicale est essentielle dans la phase de stase :

Cesser la lutte intérieure : Une grande partie de l'épuisement ressenti en phase de stase vient de la résistance constante à la réalité. Résistance à ses émotions ("Je ne devrais pas me sentir triste"), résistance à sa situation ("Cela ne devrait pas m'arriver"), résistance à soi-même ("Je ne suis pas assez bien"). Cette lutte est énergivore et vous maintient dans un état de stagnation. L'acceptation radicale consiste à dire oui à ce qui est, pour l'instant, même si c'est désagréable. Voyez Léo, qui a toujours lutté contre son anxiété sociale liée à sa blessure de rejet. En phase de stase, il est épuisé de cette lutte constante. L'acceptation radicale pour lui, c'est de reconnaître : Oui, je ressens de l'anxiété avant cette soirée. C'est inconfortable, mais c'est ce qui est là, maintenant. Il ne cherche plus à la faire disparaître immédiatement, mais la reconnaît comme une sensation passagère, ce qui paradoxalement, peut en atténuer l'intensité.

Reconnaître ses limites et sa vulnérabilité : Pour beaucoup, accepter radicalement, c'est aussi accepter de ne pas être parfait, de ne pas tout savoir, de ne pas tout contrôler. C'est reconnaître sa propre vulnérabilité, un aspect souvent nié ou masqué à cause des blessures d'enfance. Cette reconnaissance est une force et non une faiblesse. Comme pour Sandra, qui a toujours cru qu'elle devait être la femme forte qui gère tout. En phase de stase, épuisée, elle est forcée d'accepter qu'elle ne peut pas tout faire seule, qu'elle a besoin d'aide. L'acceptation radicale de sa propre limite la pousse à demander de l'aide, un acte qu'elle aurait considéré comme une faiblesse auparavant.

Libérer l'énergie pour le changement : En acceptant ce qui est, l'énergie qui était consacrée à la résistance peut être redirigée vers des actions constructives. Au lieu de dépenser de l'énergie à nier ou à lutter contre ses émotions, vous pouvez l'utiliser pour explorer de nouvelles solutions, mettre en œuvre les actions alignées avec vos valeurs ou travailler sur vos croyances limitantes. Considérons Joshua, qui pendant des années a refusé d'accepter son sentiment de vide malgré toutes ses réussites. L'acceptation radicale de ce vide lui permet de cesser de le fuir par des distractions incessantes. Il commence à utiliser cette énergie pour s'engager dans une introspection active et définir ce qui a véritablement du sens pour lui, au lieu de chercher à combler le vide de l'extérieur.

Développer la compassion envers soi-même : L'acceptation radicale inclut également l'auto-compassion. C'est se traiter avec la même bienveillance que l'on accorderait à un ami cher qui traverse une période difficile. C'est reconnaître que l'on a fait de son mieux avec les outils dont on disposait, et que la souffrance ressentie est légitime. Imaginons Corinne, qui se sentait coupable de ne pas être heureuse malgré une vie en apparence parfaite. L'acceptation radicale de son mal-être lui permet de cesser de se blâmer. Elle se dit : "Il est normal que je ressente ça. Je suis en chemin, et je suis imparfaite. Je peux être bienveillante envers moi-même."

L'Acceptation radicale comme porte d'accès à la transformation :

L'acceptation radicale n'est pas une fin en soi, mais un pont. C'est en acceptant pleinement votre réalité actuelle, vos émotions, vos limites, et votre passé que vous pouvez véritablement lâcher prise. Ce lâcher-prise est une condition préalable à tout changement profond. Il permet de passer de la stagnation à un mouvement fluide vers l'authenticité et la guérison. C'est un acte de courage qui ouvre la voie à une transformation libératrice.

Exercice pratique : Mon Moment d'Acceptation Radicale

Choisissez une situation ou une émotion difficile que vous rencontrez actuellement.

1. **Décrivez la situation/l'émotion** : Qu'est-ce qui est difficile pour vous en ce moment ? Soyez précis.
2. **Identifiez la résistance** : Quelles pensées ou actions montrez-vous pour résister à cette réalité ? (Par exemple : "Je ne veux pas ressentir ça", "Cela ne devrait pas m'arriver", "Je dois trouver une solution tout de suite").
3. **La phrase d'acceptation** : Dites-vous (à voix haute ou dans votre tête) : "J'accepte que [cette situation/cette émotion] soit là, maintenant. Ce n'est pas ce que je souhaite, mais c'est la réalité de l'instant." Remarquez ce qui se passe en vous.
4. **Compassion envers soi-même** : Posez une main sur votre cœur et dites-vous : "Je suis humain(e), et il est normal de ressentir cela. Je me donne la permission de ressentir cette émotion sans jugement."
5. **Observer la différence** : Remarquez si, même légèrement, la tension diminue ou si une nouvelle perspective s'ouvre.

Cet exercice, répété régulièrement, vous aidera à développer une plus grande tolérance à l'inconfort et à la vulnérabilité. Il vous permettra de retrouver un sentiment de calme intérieur et d'ouvrir la porte à des solutions et des actions plus alignées avec vos véritables besoins, plutôt qu'une réaction à la douleur.

3.7 La Libération de la Culpabilité et de la Honte : Réclamer son Droit à Être

Le processus d'épuisement et de remise en question qui caractérise la stase mène souvent à la surface deux émotions profondément ancrées par les blessures d'enfance : la **culpabilité** et la **honte**. Ces sentiments, souvent internalisés dès le plus jeune âge, sont des poids invisibles qui vous empêchent de vous épanouir pleinement et de sortir de la stagnation. La libération de ces émotions est une étape fondamentale pour réclamer votre droit à être authentiquement vous-même.

Que sont la culpabilité et la honte dans ce contexte ?

La **culpabilité** est le sentiment d'avoir fait quelque chose de mal. Dans le cadre des blessures d'enfance, elle est souvent disproportionnée et auto-infligée. Vous pouvez vous sentir coupable d'avoir été la cause du mal-être de vos parents, coupable de ne pas avoir été assez bien, coupable de ressentir des émotions négatives, ou coupable d'avoir vos propres besoins. Elle pousse à l'autopunition, à la suradaptation et à l'incapacité de recevoir.

La **honte** est le sentiment d'être soi-même mauvais, défectueux, ou indigne. Elle est plus profonde que la culpabilité ; elle attaque l'identité même de la personne. La honte découle souvent de jugements, de moqueries ou d'humiliations subies, laissant la conviction que l'on est intrinsèquement mauvais, bizarre ou pas à la hauteur. Elle entraîne le besoin de se cacher, de se masquer, et la peur du rejet.

Ces deux émotions sont des gardiens puissants de la stase. Elles vous maintiennent dans un cycle de perfectionnisme (pour éviter la honte), de sacrifice de soi (pour expier la culpabilité), et d'évitement (pour ne pas être découvert dans sa "mauvaise" nature).

Le processus de libération :

Identifier les déclencheurs : La première étape est de prendre conscience des situations, des pensées ou des interactions qui activent la culpabilité et la honte. Est-ce quand on vous fait un compliment ? Quand vous exprimez un besoin ? Quand vous faites une erreur ? Imaginons le cas d'Alain, qui se sentait coupable dès qu'il prenait du temps pour lui (lié à la croyance qu'il devait toujours être productif pour être digne d'amour). Il réalise que chaque fois qu'il pense à un loisir, une voix intérieure lui dit qu'il devrait travailler.

Démêler la réalité de l'illusion : La culpabilité et la honte issues de l'enfance sont souvent basées sur des distorsions. Il s'agit de séparer ce qui est une responsabilité réelle de ce qui est une accusation injuste ou une internalisation de messages toxiques. Prenons l'exemple de Julie, qui avait honte de son corps et se sentait ingrate de ne pas être heureuse. Elle commence à comprendre que cette honte vient des critiques constantes de sa mère et de la pression sociale, et non d'une défectuosité de sa part. Elle n'est pas mauvaise, elle est une personne qui a été blessée.

Se pardonner et se valider : La libération de la culpabilité passe par le pardon de soi. C'est reconnaître que l'on a fait de son mieux, et que l'on mérite la compassion. La libération de la honte passe par la validation de soi et l'acceptation inconditionnelle de son être. C'est affirmer : "Je suis suffisant(e) tel(le) que je suis." Considérons le parcours de Didier, qui se sentait coupable de ne pas avoir pu empêcher le divorce de ses parents. Il s'écrit une lettre à lui-même, jeune, lui pardonnant d'avoir porté un fardeau qui n'était pas le sien. Pour la honte, il commence à se répéter des affirmations positives sur sa valeur intrinsèque, même s'il ne les croit pas encore entièrement.

Rechercher la compassion extérieure (avec prudence) : Partager vos sentiments de culpabilité ou de honte avec une personne de confiance (thérapeute, ami bienveillant, membre de la famille) peut être profondément libérateur. La compassion et le non-jugement de l'autre aident à déconstruire ces émotions toxiques. Par exemple Nathalie, qui se sentait terriblement honteuse de ses difficultés à trouver un sens à sa vie, craignant d'être jugée faible. Elle décide d'en parler à sa meilleure amie, qui l'écoute sans jugement et lui confie qu'elle a aussi traversé des phases similaires. Cette écoute et cette validation externe allègent considérablement le poids de sa honte.

Agir en contradiction : Le moyen le plus puissant de dissoudre la culpabilité et la honte est d'agir d'une manière qui les contredit.

Exemple pour la culpabilité : Faire quelque chose de bienveillant pour soi-même sans se sentir coupable, poser une limite sans se justifier.

Exemple pour la honte : Oser se montrer vulnérable, exprimer une opinion impopulaire, ou s'autoriser à être imparfait en public.

Réclamer votre droit à Être :

La libération de la culpabilité et de la honte est une étape majeure vers l'identité authentique. Elle vous permet de cesser de vivre en réaction aux messages du passé, et de commencer à exister pleinement, avec vos forces et vos faiblesses, sans avoir besoin de vous cacher ou de vous auto-saboter. C'est une déclaration puissante : "Je suis digne d'amour, de respect et de bonheur, simplement parce que j'existe." Cette libération marque la fin de la stase et l'ouverture vers une vie de mouvement, de croissance et de pleine expression de soi.

Exercice pratique : Mes Fardeaux de Culpabilité et de Honte

Prenez un moment pour identifier un sentiment de culpabilité ou de honte qui vous pèse.

1. **La situation ou l'émotion** : Décrivez une situation ou une émotion où vous ressentez une forte culpabilité ou une forte honte.
2. **La voix intérieure** : Quelle voix intérieure (critique, jugeante) entendez-vous ? Que vous dit-elle sur vous-même ou sur ce que vous avez fait/n'avez pas fait ?
3. **L'origine possible** : Pouvez-vous remonter à une situation, un message, ou une personne de votre enfance/adolescence qui pourrait être la source de cette voix ?
4. **Le contre-discours** : Que diriez-vous à un ami cher qui se sentirait exactement comme vous dans cette situation ? Appliquez cette même bienveillance à vous-même. Écrivez une phrase ou deux pour contrer la voix intérieure (par exemple : "**Je suis digne d'erreur et de compassion**", "Ma valeur ne dépend pas de cela").
5. **Un acte de libération** : Déterminez une petite action que vous pouvez faire cette semaine pour contredire cette culpabilité ou cette honte. (Par exemple : Faire une activité juste pour le plaisir, demander de l'aide, exprimer une opinion, laisser une imperfection visible).

Cet exercice vous aidera à rendre conscientes et à commencer à démanteler les émotions toxiques de culpabilité et de honte. En reconnaissant et en adressant ces émotions, vous commencerez à vous libérer de leur emprise. Cela ouvre la voie à une meilleure estime de soi, à des relations plus authentiques et à la capacité de vivre une vie plus libre et plus épanouie, sans le poids du passé.

Chapitre 4 : Le Tournant Bénéfique : Quand la Lumière Transperce l'Ombre

Après cette période un peu lourde de la stase, où les vieilles solutions semblent épuisées et le vide s'installe, un moment fondamental commence à émerger : c'est ce que j'appelle le tournant bénéfique. Ce n'est pas un grand événement spectaculaire qui arrive d'un coup de baguette magique, mais plutôt une suite de petites prises de conscience et de choix courageux. Ces moments marquent le début d'une transformation profonde, un peu comme quand les premiers rayons de soleil transpercent les nuages les plus sombres. C'est le moment où, fatigué de ses souffrances et des schémas qui vous bloquaient, vous êtes enfin prêt à chercher de nouvelles voies, à accepter l'aide tendue, et à reconstruire votre vie sur des bases bien plus solides. Dans ce chapitre, nous allons explorer ce qui déclenche ce tournant et les premiers pas concrets que vous pouvez faire vers la guérison et un épanouissement plus authentique.

4.1 L'Anxiété et vos Peurs du Passé : Les Regarder pour Mieux Agir

Le tout premier pas, essentiel pour ce tournant bénéfique, est de reconnaître et d'accueillir votre **anxiété** et ces **peurs** qui vous accompagnent parfois sans que vous ne sachiez vraiment pourquoi. Pendant longtemps, vous avez peut-être essayé de les ignorer, de les cacher, ou de les faire disparaître avec des ruses de compensation. Mais l'épuisement de ces vieilles stratégies, dont nous avons parlé ensemble, vous pousse maintenant à regarder ces sensations désagréables en face. Et c'est souvent un moment qui fait peur, car sans son déguisement habituel l'anxiété peut sembler énorme et impossible à maîtriser.

L'anxiété ne se manifeste pas toujours par une grande crise de panique. Elle peut prendre des formes plus discrètes, mais tout aussi épuisantes.

Parfois, elle se présente comme une **inquiétude constante et diffuse** pour tout et rien : le travail, l'argent, la santé de vos proches. Voyez Lola, par exemple, qui a toujours vécu avec une peur sous-jacente que quelque chose de terrible arrive. Même quand tout semble aller bien, une petite voix s'inquiète pour ses enfants, son travail, la prochaine facture. Cette anxiété généralisée, souvent héritée d'un environnement familial imprévisible, l'épuise et l'empêche vraiment de profiter du moment présent.

D'autres fois, l'anxiété peut surgir de façon très intense, avec des **crises de panique.** C'est une peur soudaine et très forte, qui s'accompagne de sensations physiques désagréables comme des battements de cœur très rapides, le souffle court, des vertiges, ou des sueurs froides, donnant l'impression de perdre le contrôle ou même de mourir. Imaginez Patrick, qui, après un stress intense au travail, a commencé à avoir de telles crises. Sans prévenir, il ressent une boule dans la gorge, son cœur s'emballe, et il a l'impression qu'il va s'évanouir. Ces crises sont le cri d'une anxiété qu'il a longtemps refoulée, souvent liée à une peur profonde de perdre le contrôle, un écho de son enfance où il devait être constamment sur ses gardes.

L'anxiété peut aussi se manifester par des **peurs très spécifiques**, ce qu'on appelle des phobies. Ce sont des peurs intenses et irrationnelles face à certaines situations ou certains objets, comme la foule, le vide, ou certains animaux. À l'image de Philippe, qui a développé une forte anxiété sociale. La simple idée d'interagir en groupe ou de parler en public le paralyse complètement. Cette peur du jugement, profondément ancrée dans des humiliations vécues par le passé, l'empêche de vivre pleinement sa vie sociale et professionnelle.

Et puis, il y a l'**anxiété sociale**, qui est cette peur intense du regard et du jugement des autres dans les situations de groupe. Comme pour Jennifer, qui a toujours été extrêmement timide, craignant le regard et le jugement des autres. Sortir, rencontrer de nouvelles personnes ou même participer à des discussions la remplit d'une anxiété écrasante, conséquence directe d'un sentiment d'infériorité qui a pris racine dans son enfance.

Parfois, l'anxiété ne se dit pas avec des mots, mais par le corps. Ce sont les **somatisations**. Maux de tête, tensions musculaires, problèmes digestifs ou troubles du sommeil, sans qu'aucun médecin ne trouve de cause physique évidente. C'est le cas de Mehdi, dont le stress et l'anxiété se traduisent par des migraines chroniques et des maux de ventre récurrents. Son corps, là où les mots manquent pour exprimer son inquiétude ou ses peurs, crie sa détresse.

Le grand défi est d'accepter l'anxiété. Notre réflexe naturel est de vouloir la fuir, la faire disparaître coûte que coûte. Mais, et c'est un paradoxe, plus on lutte contre elle, plus elle a tendance à grandir. C'est comme vouloir retenir de l'eau dans ses mains : plus on serre, plus elle s'échappe. L'approche la plus efficace, aujourd'hui, consiste à **accepter radicalement** sa présence. Cela ne veut pas dire l'aimer ou la trouver agréable, mais simplement reconnaître qu'elle est là, sans la juger ni chercher à la repousser. C'est le premier pas pour reprendre le dessus. L'anxiété, en réalité, est une émotion qui nous signale un danger (réel ou non) ; et dans le cas de ces peurs qui viennent du passé, elle nous montre souvent une blessure qui n'est pas encore guérie.

Quand on arrive à reconnaître et à accepter l'anxiété, il se passe des choses positives. Elle perd de son mystère : en lui donnant un nom et en observant comment elle se manifeste, l'anxiété devient moins une force obscure et incontrôlable. On peut apprendre à vivre avec elle. Moins de lutte, moins de fatigue : arrêter de lutter contre l'anxiété libère une quantité incroyable d'énergie, à la fois mentale et émotionnelle. Cette énergie peut alors être utilisée pour faire des choses plus constructives. Vous comprendrez mieux ce qui la déclenche : en observant l'anxiété sans la juger, vous devenez plus à même de repérer les situations, les pensées ou les sensations qui la font surgir. Cela vous aide à mieux la gérer. Enfin, vous développerez plus de gentillesse envers vous-même : accepter votre vulnérabilité face à l'anxiété est un véritable acte de bienveillance envers vous-même, un pas de plus vers une relation plus douce avec votre propre être.

Exercice pratique : Votre Moment pour Observer l'Anxiété

1. Installez-vous confortablement, dans une position où vous vous sentez en sécurité. Si vous le souhaitez, fermez doucement les yeux.
2. D'abord, portez attention à votre respiration, sans chercher à la changer. Remarquez simplement l'air qui entre et qui sort, son rythme et sa profondeur.
3. Ensuite, dirigez votre attention vers différentes parties de votre corps, en commençant par vos pieds et en remontant doucement jusqu'au sommet de votre tête. Pour chaque partie, demandez-vous : "Est-ce qu'il y a de l'anxiété ici ? Et sous quelle forme : une tension, une sensation de chaleur, des picotements, une contraction, un nœud ?"
4. Si vous trouvez de l'anxiété, ne cherchez pas à la modifier ou à la faire disparaître. Accueillez-la simplement. Dites-lui mentalement : "Je te vois, je te reconnais." Notez où elle se trouve et quelle est sa nature. Imaginez que vous respirez dans cette zone, non pas pour l'éliminer, mais juste pour l'observer avec curiosité et une légère ouverture.
5. Quand vous avez fait le tour de votre corps, ramenez votre attention à votre respiration globale. Restez quelques instants avec la sensation de votre corps dans son ensemble, juste ici, juste maintenant.

L'objectif est de développer une conscience sans jugement des manifestations physiques de l'anxiété et de commencer à la reconnaître plutôt qu'à la fuir. Cet exercice, inspiré de la pleine conscience, vous permet de ne plus vous sentir "identifié" à votre anxiété. Elle n'est plus "vous", mais une sensation qui vous traverse. En l'observant sans réagir, vous diminuez son pouvoir et renforcez votre capacité à rester calme, même quand elle est là. C'est le début d'une nouvelle façon d'être avec vos émotions, qui ouvre la voie à une meilleure gestion de vos peurs du passé.

4.2 L'Ancrage : Se Créer des Points de Stabilité Quand Tout Vacille

Quand l'anxiété se manifeste, ou que ces vieilles peurs du passé ressurgissent, on peut avoir l'impression de perdre complètement pied. C'est là que savoir créer des **ancrages** devient une compétence absolument essentielle. Un ancrage, c'est comme un point fixe, une ressource en vous ou autour de vous, sur laquelle vous pouvez vous appuyer pour retrouver votre calme, vous recentrer, et éviter d'être emporté par la vague des émotions. Ces outils sont de véritables bouées de sauvetage qui vous aident à reprendre le contrôle de votre corps et de votre esprit, même quand tout semble chaotique autour de vous.

Il existe plusieurs façons de créer des ancrages.

D'abord, il y a les **ancrages qui font appel à vos cinq sens**. Le plus simple et le plus puissant d'entre eux, c'est souvent la **respiration diaphragmatique**, c'est-à-dire la respiration par le ventre. Quand on est anxieux, on a tendance à respirer vite et avec le haut de la poitrine. En respirant profondément par le ventre, vous activez la partie de votre système nerveux qui est responsable de la relaxation, et vous calmez celle qui vous met en mode "lutte ou fuite". Pour la pratiquer, allongez-vous sur votre lit ou asseyez-vous confortablement. Posez une main sur votre poitrine et l'autre sur votre ventre. Inspirez lentement par le nez en gonflant votre ventre (la main sur le ventre se soulève, celle sur la poitrine reste immobile). Expirez lentement par la bouche, en laissant le ventre se dégonfler. Concentrez-vous sur le mouvement de votre ventre et le rythme régulier de votre souffle. Répétez 5 à 10 fois, ou jusqu'à ce que vous sentiez un apaisement.

Vous pouvez aussi utiliser vos yeux avec des **ancrages visuels**. Choisissez un point fixe dans la pièce, un objet, un tableau, et décrivez-le mentalement avec tous ses petits détails : sa couleur, sa forme, sa texture. Ou bien, imaginez un endroit où vous vous sentez vraiment bien et en sécurité. Ça peut être par exemple, regarder les détails d'une feuille sur un arbre à travers la fenêtre, ou se concentrer sur les motifs d'un tapis. L'important est de concentrer votre regard.

Vos oreilles peuvent aussi vous aider avec des **ancrages auditifs**. Concentrez-vous sur un son particulier : le tic-tac d'une horloge, le bruit de la pluie, une musique douce, ou même simplement les bruits de la vie autour de vous, comme le chant des oiseaux, ou le bruit des voitures au loin, sans les juger. Vous pouvez aussi vous répéter une petite phrase apaisante, un mantra.

Ensuite, il y a les **ancrages qui passent par les sensations de votre corps** (on les appelle kinesthésiques). Sentez le contact de vos pieds sur le sol, serrez un objet dans votre main, comme une pierre lisse ou une balle anti-stress. Sentez le poids de votre corps sur la chaise ou le lit. Vous pouvez par exemple, appuyer fermement les pieds au sol, sentir le contact des vêtements sur la peau, ou croiser les bras en exerçant une légère pression.

Et n'oublions pas les **ancrages qui éveillent l'odorat ou le goût**. Respirer une huile essentielle qui vous apaise, comme la lavande, boire une gorgée d'eau fraîche en la savourant, ou mâcher un chewing-gum. Avoir une petite fiole d'huile essentielle de lavande, ou boire lentement une tasse de thé chaud en se concentrant sur la saveur peut vraiment vous aider.

Enfin, il existe des **ancrages plus mentaux et émotionnels**. Créez dans votre tête un **lieu sûr**. C'est un endroit, réel ou imaginaire, où vous vous sentez absolument en sécurité et en paix. Imaginez chaque détail : les couleurs, les sons, les odeurs, les sensations physiques. Restez-y mentalement le temps qu'il faut pour retrouver votre calme.

Une autre astuce est de dresser une **liste de gratitude**. Quand l'anxiété vous submerge, nommez mentalement ou écrivez 3 choses pour lesquelles vous êtes reconnaissant. Ça vous aide à déplacer votre focus de la peur vers l'appréciation.

Et bien sûr, il y a les **affirmations positives**. Répétez-vous une phrase qui vous rassure : "Je suis en sécurité", "Je suis capable", "Ceci passera", "Je suis calme et serein(e)".

Ces ancrages vous apporteront beaucoup. Ils vous aideront à **réguler rapidement vos émotions**, surtout quand l'anxiété monte, et à ramener votre corps et votre esprit au calme. Ils vous permettront de **reprendre le contrôle** : en vous concentrant sur un ancrage, vous reprenez le pouvoir sur votre attention et vos réactions physiques, brisant ainsi le cercle vicieux de la panique. Ils renforcent votre **autonomie** : ce sont des outils que vous pouvez utiliser par vous-même, partout, n'importe quand, ce qui vous rend plus indépendant dans la gestion de vos émotions. Et enfin, ils construisent votre **confiance en vous** : chaque fois que vous réussissez à vous calmer grâce à un ancrage, votre confiance en votre capacité à gérer les moments difficiles grandit.

Exercice pratique : Votre Boîte à Outils d'Ancrage

1. Identifiez au moins un ancrage pour chaque sens et un ancrage mental/émotionnel que vous allez pratiquer.
    - **Visuel** : (Ex : Observer les détails d'un arbre à travers ma fenêtre)
    - **Auditif** : (Ex : Écouter une musique spécifique apaisante, ou le son régulier de ma respiration)
    - **Kinesthésique** : (Ex : Sentir le sol sous mes pieds, faire une pression ferme sur mes bras, serrer une balle anti-stress)
    - **Olfactif/Gustatif** : (Ex : Avoir une petite fiole d'huile essentielle, boire une tasse de thé chaud lentement)
    - **Mental/Émotionnel** : (Ex : Mon lieu sûr imaginaire, une affirmation positive comme "Je suis calme et en sécurité")
2. **Passez à l'action !** Pratiquez au moins 3 de ces ancrages chaque jour pendant 5 minutes, même quand vous ne vous sentez pas anxieux. L'objectif est de les rendre automatiques pour qu'ils soient vraiment efficaces au moment où vous en aurez le plus besoin.

L'objectif est de vous construire une boîte à outils personnelle d'ancrages pour mieux gérer votre anxiété et vos peurs du passé. En pratiquant régulièrement, vous entraînez votre cerveau à associer ces sensations au calme. Ainsi, en situation de stress, ces ancrages deviendront des réflexes qui vous permettront de retrouver rapidement un état de sérénité et de diminuer l'intensité de vos réactions émotionnelles.

4.3 La Relation Thérapeutique : Une Main Tendue vers Votre Autonomie

Face aux blessures profondes de l'enfance et aux anxiétés qu'elles peuvent engendrer, chercher l'aide d'un psychologue ou d'un thérapeute est souvent une main tendue, voire un véritable salut. Loin d'être un signe de faiblesse, c'est au contraire un acte de grand **courage et de lucidité**. Un professionnel vous offre un espace unique et sécurisant, impartial et sans jugement, où vous pouvez enfin déposer votre fardeau, explorer vos souffrances et commencer un vrai chemin de guérison.

Pourquoi est-ce si bénéfique ?

C'est d'abord un **espace où vous vous sentez en sécurité et non jugé**. C'est peut-être la première fois de votre vie que vous pouvez parler librement, sans avoir peur de la critique, de décevoir ou d'être rejeté. Le thérapeute est là pour vous écouter vraiment, valider vos émotions et vous offrir un point de vue neutre. Cet espace de confiance est vital pour briser l'isolement et la peur que vous avez pu ressentir. Prenez Joanna, par exemple, qui depuis l'enfance se sent coupable d'avoir des besoins et n'ose jamais les exprimer. En thérapie, elle découvre enfin un endroit où elle peut parler de ses désirs sans craindre d'être jugée égoïste. Ce cadre sécurisant l'aide à se sentir comprise et acceptée.

Ensuite, le **cadre des séances apporte une vraie stabilité**. La régularité des rendez-vous, le respect des horaires, la confidentialité, tout cela crée une prévisibilité et une sécurité qui ont souvent manqué pendant l'enfance. Cette structure est très rassurante et permet de créer un environnement propice à l'exploration de vos souvenirs difficiles. Mathieu, par exemple, a eu une enfance chaotique et imprévisible. Ses rendez-vous hebdomadaires avec son thérapeute deviennent un repère stable dans sa semaine. Cette régularité et le respect des engagements l'aident à construire un sentiment de sécurité intérieure qu'il n'avait jamais connu.

La relation avec le thérapeute peut aussi devenir une **relation d'attachement corrective**. Pour ceux qui ont eu un attachement insécurisant avec leurs parents, le thérapeute, par son empathie, sa bienveillance et sa constance, offre un modèle d'attachement sécurisant. Cela vous permet de faire l'expérience d'une relation saine, basée sur la confiance, le respect et la capacité à exprimer vos besoins. Cette expérience peut aider à reprogrammer vos façons d'entrer en relation et vous permettre de construire des liens plus sains dans votre vie de tous les jours. Pensez à Pierre, qui a souffert d'une la blessure d'abandon et a développé des relations où il était très dépendant. Avec son thérapeute, il apprend à exprimer ses craintes d'être abandonné et à expérimenter la constance du soutien. Cette relation sécurisante lui donne la confiance nécessaire pour commencer à établir des liens plus équilibrés dans sa vie personnelle.

Le thérapeute, grâce à son savoir-faire, peut vous aider à **accéder à votre inconscient et à comprendre vos mécanismes de défense**. Il peut identifier ces schémas qui se répètent, ces blessures enfouies que vous ne voyez pas. Il vous offre des outils et des techniques pour les déconstruire, comprendre d'où elles viennent et les remplacer par des stratégies plus adaptées à la personne que vous êtes aujourd'hui. Cécilia, par exemple, s'est rendu compte qu'elle fuyait systématiquement les conflits. Son thérapeute l'aide à comprendre que ce mécanisme de défense remonte à son enfance, où les disputes parentales étaient synonymes de danger. En prenant conscience de cette origine, Cécilia peut commencer à développer de nouvelles façons de gérer les désaccords.

Souvent, les personnes qui ont vécu des difficultés dans l'enfance se sont senties incomprises, ou même pensaient devenir folles. Le thérapeute **valide votre expérience**, vous aide à mettre des mots sur vos souffrances, et vous montre que vos réactions sont normales. C'est extrêmement libérateur. Diego, par exemple, se sentait honteux de sa colère intérieure, pensant qu'il était fondamentalement mauvais. Le thérapeute l'aide à comprendre que cette colère est une réaction normale à l'injustice qu'il a vécue, et qu'elle n'est pas un défaut de sa personnalité. Cette validation lui permet d'accepter et de transformer cette émotion.

Enfin, le but de la thérapie n'est absolument pas de vous rendre dépendant de votre thérapeute, mais au contraire, de vous donner les outils et le soutien dont vous avez besoin pour **retrouver votre autonomie** et votre capacité à naviguer dans la vie de manière plus saine. Le thérapeute est une béquille temporaire qui vous aide à réapprendre à marcher seul.

Il existe de nombreux types de thérapies (thérapie cognitive comportementale - TCC, thérapie psychodynamique, thérapie systémique, thérapies humanistes, sophrologie, etc.). Le choix dépendra de ce que vous cherchez et, surtout, de la relation de confiance que vous réussirez à établir avec le professionnel. Le plus important est de trouver quelqu'un avec qui vous vous sentez vraiment à l'aise et en sécurité.

La thérapie n'est pas une solution miracle, elle demande un investissement et du travail, mais c'est un processus très gratifiant. C'est le choix de prendre soin de votre bien-être mental de manière proactive. Elle vous permet de transformer les épreuves du passé en de véritables forces, et de construire une vie plus épanouissante et plus fidèle à qui vous êtes vraiment.

Exercice pratique : Votre Premier Pas vers le Soutien

1. Si vous n'êtes pas déjà en thérapie, ou si vous pensez à changer de thérapeute, commencez par **clarifier vos besoins**. Qu'est-ce que vous attendez d'une thérapie ? Soyez précis. (Ex : "Comprendre mon passé pour briser des schémas répétitifs", "Gérer mon anxiété et mes crises de panique", "Améliorer mes relations et ma communication", "Retrouver du sens à ma vie et ma motivation").
2. Ensuite, **cherchez des professionnels**. Faites des recherches sur des psychologues ou thérapeutes près de chez vous, en regardant leurs spécialisations, leurs approches et leurs avis (si disponibles). N'hésitez pas à demander conseil à des amis en qui vous avez confiance ou à votre médecin généraliste.
3. Puis, **contactez 2 ou 3 personnes**. Préparez quelques questions à poser lors d'un premier appel ou d'une première rencontre (beaucoup proposent une première consultation plus courte et parfois gratuite). Le "feeling" et la confiance que vous ressentirez avec le professionnel sont essentiels. Écoutez votre intuition.
4. Enfin, **fixez-vous un petit objectif pour les 3 premières séances**. Cela rendra la démarche moins intimidante. (Ex : "Me sentir à l'aise pour parler de mes émotions les plus difficiles", "Comprendre un peu mieux l'origine de ma peur du jugement", "Établir un premier contact et voir si je me sens en sécurité avec cette personne").

L'objectif est de rendre la démarche thérapeutique plus accessible et de vous aider à faire le premier pas. C'est souvent le plus difficile. Cet exercice vous aide à rendre cette démarche plus concrète et moins effrayante. Il vous permet de prendre en main votre propre chemin de guérison et de vous ouvrir à une aide précieuse qui peut transformer votre vie en profondeur.

4.4 La Reconnexion au Corps : L'Intelligence du Corps pour Votre Guérison

Sur le chemin de la guérison, se reconnecter à son corps est une étape que l'on sous-estime souvent, mais qui est pourtant fondamentale. Les épreuves et les émotions que l'on n'a pas digérées pendant l'enfance ne restent pas seulement dans notre tête ; elles sont aussi **inscrites dans notre corps**. Elles peuvent se manifester par des tensions qui ne partent jamais, des douleurs sans explication, des problèmes pour dormir ou une relation compliquée avec la nourriture. Notre corps, dans sa grande sagesse, est comme un livre qui raconte notre histoire. Apprendre à l'écouter, à ressentir ce qui s'y passe et à le libérer de ses fardeaux est une clé essentielle pour retrouver la sérénité.

Pourquoi votre corps est-il si important dans ce processus de guérison ?

Votre corps a une **mémoire somatique**. Cela veut dire qu'il garde en lui le souvenir des expériences difficiles, même celles que votre esprit a oubliées. Les tensions musculaires chroniques (épaules, mâchoire, ventre), les maux de dos, les migraines peuvent être des signes physiques d'un stress ancien ou d'une anxiété qui persiste. Comme Lorraine, qui souffre de tensions constantes dans le cou et les épaules. Malgré les massages, la douleur reste. En thérapie, elle réalise que ces tensions sont liées à une peur constante de porter le poids du monde depuis son enfance, où elle se sentait responsable du bonheur de ses parents. La douleur physique est une manifestation directe de cette charge émotionnelle.

Vos émotions, ce ne sont pas juste des pensées ; ce sont aussi des **sensations dans votre corps**. La peur vous serre l'estomac, la colère tend vos muscles, la tristesse pèse sur votre poitrine. En apprenant à ressentir ces sensations dans votre corps, sans les juger, vous pouvez les laisser vous traverser plutôt que de les bloquer. Par exemple, Théo, qui a tendance à refouler sa colère, a souvent mal à l'estomac. En se reconnectant à son corps, il apprend à identifier la sensation de chaleur dans son ventre quand la colère monte, ce qui lui permet de la reconnaître et de la laisser s'exprimer de manière plus saine, au lieu de la cacher.

Se reconnecter à votre corps est aussi un moyen très puissant de vous **ancrer dans le moment présent**. Quand votre esprit est pris dans les ruminations du passé ou les inquiétudes pour le futur, ramener votre attention aux sensations de votre corps – le contact de vos pieds sur le sol, votre souffle, le mouvement – vous aide à revenir à la réalité de "l'ici et maintenant", loin des pensées qui tournent en rond. Patrice, par exemple, dont l'esprit est souvent pris dans des ruminations anxieuses sur le futur. Son thérapeute lui suggère de se concentrer sur la sensation de ses pieds sur le sol lorsqu'il se sent submergé. Ce simple acte l'aide à ramener son attention au présent et à apaiser son mental.

Et enfin, des pratiques spécifiques peuvent aider votre corps à **libérer les tensions accumulées**. Il ne s'agit pas juste de "penser" à guérir, mais de le ressentir et de le vivre physiquement.

Voici quelques pistes pour vous reconnecter à votre corps :

Vous pouvez pratiquer des **méthodes de pleine conscience** comme la méditation ou le yoga. La pleine conscience vous aide à développer une conscience fine de ce que vous ressentez dans votre corps, de vos pensées et de vos émotions, sans les juger. Le yoga, le Tai-chi ou le Qi-gong, par exemple, combinent mouvements, respiration et conscience corporelle pour dénouer les tensions et favoriser une bonne circulation de l'énergie en vous.

Le **mouvement conscient** est aussi très utile. Marchez en pleine conscience, dansez librement, ou pratiquez des exercices doux qui favorisent la mobilité et la fluidité corporelle. L'important n'est pas la performance, mais la sensation et la reconnexion.

Les **massages thérapeutiques** peuvent être d'une grande aide. Un massage peut aider à délier les tensions musculaires installées depuis longtemps, à retrouver le contact avec des zones de votre corps qui ont été comme "coupées" émotionnellement, et à vous offrir un profond sentiment de détente et de sécurité.

La **respiration consciente** est une autre voie. Au-delà de la respiration par le ventre, explorez des techniques de respiration qui vous connectent à votre énergie vitale et qui peuvent aider à libérer les blocages émotionnels.

Enfin, la **connexion à la nature**. Passer du temps dehors, dans une forêt, près de la mer ou en montagne, et ressentir les éléments (le vent, le soleil, la terre) peut être incroyablement apaisant et faciliter cette reconnexion avec votre propre corps et ses rythmes naturels.

Les bénéfices de cette reconnexion corporelle sont nombreux. Vous remarquerez une **diminution des symptômes physiques** : un soulagement des douleurs chroniques, un meilleur sommeil et une meilleure digestion. Votre **capacité à gérer vos émotions s'améliorera**, vous serez plus à même de les identifier et de les gérer avant qu'elles ne deviennent trop fortes. Vous développerez une **intuition plus fine** : en étant mieux connecté à votre corps, vous apprenez à écouter davantage votre petite voix, votre intuition, et à prendre des décisions plus justes pour vous. Vous ressentirez plus de **vitalité et d'énergie** : quand les blocages se libèrent, l'énergie circule mieux, ce qui augmente votre vitalité et votre bien-être général. Et enfin, vous pourrez **reconstruire une image plus positive de votre corps** : vous apprendrez à l'accepter et à l'aimer tel qu'il est, avec ses forces et ses vulnérabilités.

Exercice pratique : Votre Rituel Quotidien de Reconnexion

1. Choisissez 3 pratiques de reconnexion corporelle et engagez-vous à les intégrer à votre routine de chaque jour, même si ce n'est que pour 5 à 10 minutes.
    - **Le matin** : (Ex : 5 minutes de respiration diaphragmatique au réveil, ou quelques étirements conscients dans votre lit).
    - **Dans la journée** : (Ex : Pause de 2 minutes pour sentir ses pieds sur le sol et sa respiration lorsque vous êtes au bureau, ou une micro-marche consciente dans le couloir).
    - **Le soir** : (Ex : 10 minutes de yoga doux, de méditation guidée axée sur le corps avant de dormir, ou un automassage des pieds).
2. L'objectif est de cultiver une relation plus consciente et bienveillante avec votre corps, en faisant de la reconnexion une habitude.

En intégrant ces pratiques, vous créez des ponts entre votre esprit et votre corps, permettant aux émotions refoulées de s'exprimer et aux tensions de se libérer. Cela renforce votre ancrage dans le présent et votre capacité à vous autoréguler émotionnellement. C'est un investissement concret dans votre santé holistique et votre sérénité.

4.5 Vos Forces et vos Nouvelles Croyances : Construire une Nouvelle Maison Intérieure

À mesure que les anciennes stratégies s'estompent et que vous commencez à vous ancrer, un espace merveilleux se crée en vous. C'est l'occasion de réactiver vos **croyances aidantes** et de redécouvrir vos **forces intérieures**. Ces ressources ont toujours été là, en vous, mais elles ont peut-être été cachées ou minimisées par les croyances limitantes et les habitudes de survie que vous avez développées dans l'enfance. Le tournant bénéfique est le moment idéal pour les ramener à la conscience et les cultiver activement, comme on bâtit les fondations solides d'une nouvelle maison intérieure.

Mais qu'est-ce qu'une **croyance aidante** ? C'est l'inverse d'une croyance limitante. C'est une affirmation positive sur vous-même, sur les autres ou sur le monde, qui vous donne de l'énergie, de la confiance et vous pousse à agir. Conscientes ou non, leur influence est toujours constructive. Parmi ces croyances aidantes, on trouve par exemple : "Je suis capable de surmonter les défis", "Je suis digne d'amour et de respect", "Je peux faire confiance à mon intuition", "Mes émotions sont des guides utiles", "Les erreurs sont des opportunités d'apprendre", "Je suis résilient(e)", ou encore "Je peux avoir la vie que je désire".

Et qu'est-ce qu'une **force intérieure** ? Ce sont toutes ces qualités, compétences et vertus personnelles que nous possédons et qui nous aident à bien fonctionner, à nous adapter et à nous épanouir. Il peut s'agir de qualités de caractère comme la persévérance, la compassion, l'honnêteté, le courage, l'humour, la curiosité, la gentillesse. Ou de compétences : savoir résoudre des problèmes, bien communiquer, être organisé, apprendre vite. Ou encore des ressources émotionnelles : la capacité à ressentir de la joie, à se calmer, à exprimer ce dont vous avez besoin. Ces forces sont souvent sous-estimées ou même oubliées, surtout si votre enfance a plutôt mis en avant vos défauts que vos qualités.

Pour les réactiver et les faire grandir, voici quelques étapes.

D'abord, **identifiez les croyances aidantes que vous avez déjà**. Pensez aux moments où vous vous êtes senti(e) fort(e), capable, ou aimé(e). Quelles pensées vous ont traversé l'esprit à ce moment-là ? Ce sont des indices précieux de vos croyances aidantes. Laetitia, par exemple, se sentait souvent incapable de gérer son stress. Un jour, elle se souvient d'une période difficile au travail où elle a réussi à livrer un projet majeur sous pression. Elle réalise qu'elle avait pensé : "J'ai les ressources pour y arriver." Cette pensée était une croyance aidante qu'elle peut réactiver.

Une fois que vous avez identifié ces croyances, ou si vous en avez formulé de nouvelles (par exemple, en transformant une croyance limitante), **commencez à les affirmer régulièrement**. Répétez-les dans votre tête, écrivez-les, affichez-les. Votre cerveau apprend par la répétition. Prenez l'exemple de Jérôme, qui transforme sa croyance limitante "Je dois être parfait" en "Je fais de mon mieux et c'est suffisant." Il commence à se le répéter chaque matin et le note sur un post-it à côté de son ordinateur.

Pensez à **reconnaître et célébrer vos forces**. Dressez un inventaire de vos qualités et de vos compétences. Demandez à des amis proches ce qu'ils admirent en vous.

Chaque fois que vous utilisez une de ces forces, même pour une petite chose, prenez-en conscience et félicitez-vous. Lucas, par exemple, a toujours pensé qu'il n'avait aucune qualité. Un ami lui fait remarquer sa capacité d'écoute et sa gentillesse. Lucas décide de noter chaque fois qu'il fait preuve de ces qualités, renforçant ainsi la reconnaissance de ses propres forces.

Le moyen le plus puissant de renforcer une croyance aidante ou une force intérieure, c'est de l'**incarner dans vos actions**. Si vous croyez que vous en êtes capable, agissez comme tel. Si la gentillesse est une de vos forces, pratiquez-la consciemment. Chaque action renforce ce nouveau chemin dans votre cerveau. Imaginons Carine, qui croit qu'elle est résiliente. Quand une difficulté se présente, au lieu de se laisser abattre, elle se dit "Je suis résiliente" et cherche activement des solutions, renforçant ainsi cette croyance par l'action.

Prenez le temps de **vous visualiser en train de réussir**. Imaginez-vous agissant à partir de ces croyances et de ces forces, et visualisez le résultat positif. La visualisation prépare votre cerveau au succès.

Enfin, **entourez-vous de personnes qui vous soutiennent**. Fréquentez ceux qui croient en vous et qui renforcent vos croyances aidantes, plutôt que ceux qui les minent.

Les bénéfices de réactiver ces ressources sont considérables. Votre **estime de vous** grandira : en reconnaissant vos propres richesses, vous construisez une confiance solide en vous-même. Votre **résilience** augmentera : plus vous êtes conscient de vos forces, mieux vous pourrez faire face aux défis. Vous serez **plus motivé**

à agir : les croyances aidantes vous aideront à dépasser les blocages et à passer à l'action. Enfin, vous ressentirez un **sentiment de direction et d'alignement** : en agissant selon vos valeurs et vos forces, vous construisez une vie qui a plus de sens et qui vous ressemble vraiment.

Exercice pratique : Vos Forces et Vos Nouvelles Croyances

1. **Vos 3 plus grandes forces** : Identifiez 3 qualités ou compétences que vous possédez et que vous avez utilisées avec succès par le passé.
2. **Votre croyance limitante à transformer** : Choisissez une croyance limitante que vous avez identifiée dans le chapitre précédent (par exemple : "Je ne suis pas assez bien") ou qui vous bloque souvent.
3. **Votre nouvelle croyance aidante** : Reformulez cette croyance limitante en une croyance positive et aidante (par exemple : "Je suis suffisant(e) tel(le) que je suis et je m'améliore chaque jour").
4. **Une petite action pour l'incarner** : Déterminez une petite action concrète que vous allez faire dans les 48 heures pour :
    o Utiliser une de vos forces.
    o Agir en accord avec votre nouvelle croyance aidante.

L'objectif est d'activer consciemment vos ressources internes pour commencer à construire une identité plus forte et plus alignée. Cet exercice vous permet de passer de la théorie à la pratique, renforçant les nouveaux chemins dans votre cerveau et vous donnant une preuve tangible de votre capacité à changer. Chaque petite victoire nourrit votre confiance en vous et vous pousse vers un épanouissement durable.

4.6 L'Action Graduelle et les Petits Pas : Bâtir le Changement Durable

La phase de stase a pu vous laisser avec un sentiment d'immobilité ou de paralysie. Face à l'immensité du chemin de guérison, il est tentant de vouloir tout changer d'un coup, mais cela mène souvent à vous sentir dépassé et découragé. Le tournant bénéfique ne s'opère pas par un saut géant, mais par l'adoption d'une approche plus réaliste et puissante : celle de l'**action graduelle et du principe des petits pas**. C'est une méthode douce mais déterminée, qui vous permet de construire un changement durable sans réactiver les peurs de l'échec ou le sentiment d'être écrasé.

Mais pourquoi ces petits pas sont-ils si efficaces ?

D'abord, ils **réduisent la résistance au changement**. Votre cerveau est fait pour assurer votre survie et préfère ce qui est familier, même si c'est inconfortable. Un grand changement est souvent perçu comme une menace et déclenche une résistance. Les petits pas, au contraire, semblent moins menaçants, ce qui diminue votre anxiété et votre tendance à remettre les choses à plus tard. Pensez à Fanny, qui a peur de parler en public. L'idée de donner une conférence la paralyse complètement. Mais l'idée de poser une simple question lors d'une petite réunion est un petit pas qui ne déclenche pas une résistance aussi forte.

Ensuite, ils vous aident à **construire la confiance et à obtenir des preuves concrètes**. Chaque petit pas réussi est une victoire, une preuve tangible que le changement est possible. Ces micro-succès s'additionnent et renforcent les croyances positives, montrant à votre cerveau que de nouvelles actions peuvent avoir des résultats positifs et que vous êtes capable de progresser. Prenez l'exemple de Karl, qui se sent incapable de faire de l'exercice. Commencer par 5 minutes de marche par jour est un petit pas. Quand il y parvient, il se prouve à lui-même qu'il peut initier une nouvelle habitude, et cela renforce sa confiance pour le lendemain.

Ils vous permettent aussi d'**éviter le perfectionnisme et le découragement**. Vouloir être parfait mène souvent à ne rien faire du tout. Les petits pas acceptent l'imperfection et le fait d'apprendre au fur et à mesure. Si un petit pas ne se passe pas exactement comme prévu, ce n'est pas un échec dévastateur, mais simplement une étape d'ajustement. Considérez Fabio, qui avait toujours eu du mal à maintenir de nouvelles habitudes car il voulait être parfait tout de suite. En adoptant les petits pas, il se donne le droit de rater une journée d'exercice sans tout abandonner, se disant qu'il peut reprendre le lendemain.

Enfin, les petits pas permettent une **intégration progressive du changement**. Changer demande du temps pour s'installer dans votre cerveau et dans vos comportements. Les petits pas permettent cette intégration en douceur, laissant le temps à votre esprit de s'habituer aux nouvelles habitudes et à vos émotions de s'ajuster.

Voici comment vous pouvez appliquer le principe des petits pas dans votre vie.

Commencez par **définir un objectif global**. Même si vous avancez petit à petit, c'est utile d'avoir une direction générale. Qu'est-ce que vous aimeriez changer ou améliorer sur le long terme ? Par exemple : "Me sentir plus serein au quotidien", "Améliorer la communication avec mon partenaire", ou "Lire plus régulièrement".

Puis, **fractionnez cet objectif en étapes minuscules**. Divisez votre grand objectif en actions si petites qu'elles vous semblent presque ridicules. L'astuce est de rendre le pas si facile qu'il est impossible de dire non. Par exemple : si l'objectif est de faire du sport, un petit pas peut être "mettre mes chaussures de sport", "marcher 5 minutes", ou "regarder une vidéo d'exercice de 2 minutes". Si l'objectif est de mieux gérer ses émotions, un petit pas peut être "faire 3 respirations profondes quand je me sens anxieux", ou "nommer une émotion par jour".

Souvenez-vous que **la régularité est plus importante que l'intensité**. Il vaut mieux faire un tout petit pas chaque jour que de tenter un grand pas une fois par semaine et d'abandonner. La constance, même minime, construit de nouvelles habitudes.

Chaque fois que vous faites un petit pas, **célébrez-le** ! Reconnaissez et félicitez-vous, même pour le plus infime progrès. Cette reconnaissance renforce le comportement positif et vous donne envie de continuer.

Et soyez **indulgent envers vous-même**. Il y aura des jours où vous n'y arriverez pas. C'est tout à fait normal. Ne vous jugez pas, acceptez-le, et reprenez le lendemain sans aucune culpabilité.

Les bénéfices de l'action graduelle sont immenses. Vous **surmonterez plus facilement la procrastination** : les petits pas rendent l'action moins intimidante et plus facile à initier. Votre **anxiété liée au changement diminuera** :

moins de pression, moins de peur de l'échec. Vous construirez une **dynamique positive** : chaque succès, même minuscule, nourrit votre motivation et vous donne de l'élan. Les **changements seront durables** : les habitudes construites progressivement sont plus susceptibles de s'ancrer et de rester dans le temps. Enfin, votre **autonomie et votre estime de vous** seront renforcées : vous devenez l'acteur de votre propre transformation, pas à pas.

Le principe des petits pas est une belle invitation à la patience et à la persévérance. C'est en respectant votre propre rythme et en bâtissant sur des fondations solides que vous pourrez transformer l'ombre de la stase en lumière, et construire une vie plus épanouissante, brique par brique.

Exercice pratique : Votre Premier Petit Pas Concret

1. Choisissez un domaine de votre vie où vous souhaitez initier un changement (par exemple, gérer le stress, améliorer une relation, reprendre une activité, cultiver une nouvelle habitude).
2. **Votre objectif à long terme** : (Ex : "Me sentir plus serein au quotidien", "Améliorer la communication avec mon partenaire", "Lire plus régulièrement").
3. **Votre premier petit pas (irrésistible)** : Quel est le plus petit pas que vous pouvez faire vers cet objectif, si petit que vous êtes absolument certain(e) de le faire ?
   - Ex : Si l'objectif est "lire plus", le petit pas peut être "lire une page par jour", "ouvrir un livre", ou "choisir un livre à lire".
   - Ex : Si l'objectif est "gérer le stress", le petit pas peut être "faire une respiration diaphragmatique de 30 secondes", ou "identifier la sensation physique du stress".
4. **Quand et comment** ? Précisez le moment et la manière dont vous allez faire ce petit pas dans les prochaines 24 à 48 heures.
5. **Comment vous allez célébrer** ? Comment allez-vous reconnaître et célébrer ce petit pas une fois qu'il sera fait ? (Ex : "Je me dirai Bravo !", "Je me servirai une tasse de thé en savourant le moment").

L'objectif est de démarrer le processus de changement de manière douce et efficace, en surmontant la résistance initiale. Cet exercice vous permet de transformer une aspiration vague en une action concrète et gérable. Chaque petit pas réussi vous rapproche de votre objectif, renforçant votre motivation et prouvant votre capacité à initier et maintenir le changement, sans vous sentir submergé.

4.7 Créer un Environnement Nourrissant : Se Soutenir pour Grandir

Après avoir commencé à comprendre votre anxiété, à vous ancrer, à explorer la thérapie et à cultiver vos forces intérieures, une étape essentielle du tournant bénéfique est de **créer activement un environnement qui vous fait du bien**. Pendant la phase de stase, il est probable que votre environnement – qu'il soit physique, social ou même mental – ait contribué à vous maintenir dans cette immobilité. Pour vraiment soutenir votre processus de guérison et d'épanouissement, il devient crucial de regarder ce qui vous entoure et de faire des ajustements conscients pour favoriser votre bien-être.

Un environnement nourrissant, ce n'est pas juste un endroit physique ; c'est un véritable écosystème de soutien qui englobe vos relations, vos habitudes de chaque jour, votre espace de vie, et même les informations que vous choisissez de recevoir. C'est un engagement profond envers vous-même, celui de vous placer dans des conditions qui encouragent votre croissance.

Pourquoi un environnement qui vous nourrit est-il si vital ?

D'abord, pour **réduire les sources de stress et de toxicité**. Les environnements qui ne vous conviennent pas, comme des relations qui vous épuisent, des lieux désordonnés, ou un flot constant d'informations négatives, sapent votre énergie et réactivent vos vieilles blessures. Les minimiser ou les éliminer est une forme d'auto-préservation. Voyez Sabrina, par exemple, dont la maison était constamment en désordre, reflétant son état intérieur. En décidant de désencombrer et de créer un espace plus organisé et apaisant, elle a remarqué une diminution significative de son anxiété quotidienne.

Ensuite, un bon environnement **soutient vos nouvelles habitudes**. Il est difficile de maintenir de nouvelles habitudes (méditation, sport, sommeil) si votre environnement ne les soutient pas. Un environnement adapté vous aide à les ancrer. Prenez l'exemple de Rudy, qui souhaitait lire plus. En créant un petit coin lecture confortable et en y laissant un livre ouvert, il a rendu l'action de lire plus accessible et attrayante.

Il aide aussi à **renforcer votre sentiment de sécurité et de paix**. Un environnement qui vous ressemble, qui est propre, ordonné et rempli de choses que vous aimez, peut devenir un refuge, un lieu où vous vous sentez en sécurité pour être vous-même et vous ressourcer. Comme pour Laurent, qui se sentait constamment sous pression. Il a commencé à passer du temps dans un parc près de chez lui, se créant un lieu de ressourcement extérieur où il pouvait se connecter à la nature et trouver la paix.

Enfin, votre environnement peut **nourrir votre esprit et votre âme**. Il peut vous inspirer, vous motiver et vous rappeler ce qui est important pour vous. Il peut inclure des éléments qui nourrissent votre créativité, votre spiritualité ou votre sens du beau.

Voyons les principaux piliers d'un environnement nourrissant.

Concernant votre **environnement physique**, pensez au désencombrement et à l'organisation : un espace ordonné favorise un esprit clair. Éliminez ce qui ne vous sert plus.

Pour l'esthétique et le confort, entourez-vous de couleurs, d'objets, de plantes qui vous apaisent et vous apportent de la joie. Créez un coin douillet. N'oubliez pas la lumière et la nature : maximisez la lumière naturelle, intégrez des plantes, des éléments naturels.

Pour votre **environnement social**, privilégiez les relations positives : identifiez les personnes qui vous soutiennent, vous élèvent et vous respectent. Investissez dans ces relations. Apprenez à poser des limites claires et saines avec les personnes ou les situations qui vous drainent. Moins, c'est parfois plus. Cherchez aussi à développer une communauté : cherchez des groupes, des associations ou des activités qui vous connectent à des personnes partageant vos valeurs et vos intérêts.

Quant à votre **environnement mental et informationnel**, pratiquez une veille médiatique consciente : limitez votre exposition aux informations négatives ou anxiogènes. Choisissez vos sources avec discernement. Consommez du contenu inspirant : des livres, podcasts, films, ou contenus qui vous nourrissent, vous éduquent, vous inspirent ou vous amusent de manière saine. Et faites attention à votre auto-dialogue : surveillez votre voix intérieure, remplacez les critiques par l'auto-compassion et l'encouragement.

Enfin, pour votre **environnement quotidien (vos habitudes)**, intégrez des routines de bien-être : des moments pour la pleine conscience, l'exercice, la bonne alimentation, le sommeil réparateur. Ces routines structurent et stabilisent votre vie. Et accordez-vous du temps pour vous : du temps pour vos passions, vos hobbies, et des moments de repos véritable.

Les bénéfices de créer un environnement nourrissant sont nombreux. Vous ressentirez une **réduction du stress et de l'anxiété** : un cadre apaisant et un soutien social réduisent significativement les facteurs de stress. Une **augmentation de l'énergie et de la vitalité** : moins d'énergie dépensée à résister à un environnement hostile, plus d'énergie disponible pour la croissance. Une **meilleure capacité d'auto-régulation** : un environnement stable aide à maintenir l'équilibre émotionnel et mental. Vous bénéficierez d'un **soutien à la croissance personnelle** : en vous entourant de ce qui vous élève, vous facilitez l'ancrage de vos nouvelles croyances et habitudes. Et enfin, vous développerez un **sentiment de contrôle et d'autonomie** : reprendre en main votre environnement est un acte puissant de reprise de pouvoir sur votre vie.

La création d'un environnement nourrissant est un acte d'amour envers vous-même. C'est reconnaître votre valeur et votre droit à être soutenu dans votre chemin de guérison. Chaque petit ajustement fait une différence, transformant progressivement votre quotidien en un havre de paix et un tremplin pour votre épanouissement.

Exercice pratique : Votre Écosystème de Soutien

1. Évaluez les différents aspects de votre environnement actuel et identifiez un petit ajustement que vous pourriez faire.
    - **Votre Espace Physique** : Qu'est-ce qui pourrait rendre votre environnement physique plus apaisant ou plus fonctionnel ? (Ex : "Désencombrer une étagère", "Ajouter une plante verte", "Nettoyer un espace spécifique").
    - **Vos Relations Sociales** : Y a-t-il une relation que vous pourriez renforcer (passer plus de temps avec une personne positive) ou une limite que vous pourriez poser (réduire le temps passé avec une personne drainante) ?
    - **Votre Consommation d'Information** : Y a-t-il un type de contenu (actualités, réseaux sociaux, émissions) qui vous stresse et que vous pourriez limiter, ou un contenu plus nourrissant à intégrer ?
    - **Vos Habitudes Quotidiennes** : Quelle petite habitude de bien-être pourriez-vous introduire ou renforcer ? (Ex : "Boire un grand verre d'eau le matin", "Faire une courte pause de 5 minutes toutes les 2 heures").
2. L'objectif est de prendre des actions concrètes pour optimiser votre environnement afin qu'il soutienne votre bien-être et votre croissance.

Chaque ajustement, même mineur, contribue à un sentiment de bien-être accru. Vous ressentirez plus de calme, d'énergie et de clarté, et vous consoliderez les bases de votre transformation. C'est un processus continu qui vous permet de créer un espace de vie qui reflète et soutient la personne que vous devenez.

Chapitre 5 : Le Pardon : Un Acte Radical de Libération de Soi

Le mot "pardon" peut parfois faire peur, n'est-ce pas ? Vous le comprenez souvent de travers, comme s'il fallait oublier, justifier ce que l'autre a fait, ou même se réconcilier à tout prix. Mais le véritable pardon, celui dont nous allons parler ici, est bien plus que ça. C'est un acte radical qui va vous libérer, un choix courageux de vous défaire de ce lourd fardeau de rancœur, de colère et même de culpabilité. Ce n'est pas absoudre celui qui vous a blessé, mais plutôt vous libérer, vous, de ce poids. Dans ce chapitre, nous allons explorer toutes les facettes de ce pardon, qu'il soit envers les autres ou, surtout, envers vous-même, pour que votre passé devienne une leçon de vie plutôt qu'une chaîne.

5.1 Le Pardon envers les Autres : Se Libérer du Poids de la Rancœur

Le pardon envers les autres, c'est ce chemin où vous choisissez de relâcher toutes ces émotions désagréables – la colère, le ressentiment, l'amertume, parfois même l'envie de revanche – que vous dirigez vers quelqu'un qui vous a fait du mal. Ce n'est absolument pas oublier ce qui s'est passé, ni minimiser la gravité de l'offense. Ce n'est pas non plus vous forcer à vous réconcilier avec cette personne si la relation est toxique ou impossible à réparer. Le pardon est d'abord **un geste intérieur**, une décision que vous prenez pour vous, de ne plus laisser ce qui s'est passé vous gâcher votre présent.

Alors, pourquoi est-ce si difficile de pardonner ? Notre cerveau est un peu comme un gardien très zélé : il est programmé pour se souvenir des dangers et des injustices pour nous protéger. Garder rancune, c'est une façon, souvent inconsciente, de se dire qu'on se protège pour éviter de souffrir à nouveau. Mais cette protection peut vite devenir une prison. Le non-pardon est souvent nourri par plusieurs choses.

Parfois, c'est la **peur de se montrer vulnérable**. Pardonner peut sembler une faiblesse, une invitation à être blessé une fois de plus. Ensuite, il y a ce **besoin puissant de justice** : une partie de vous veut absolument que l'autre paie pour ce qu'il a fait. Et puis, la rancœur peut parfois devenir une partie de **votre identité**, vous définissant par ce qui vous est arrivé. Enfin, si vous ne savez pas exprimer votre colère de manière saine, elle peut se transformer en un ressentiment qui s'incruste.

Garder rancune, c'est un peu comme si vous buviez du poison en espérant que ce soit l'autre qui en subisse les conséquences. Mais en réalité, cela vous épuise. Votre rancœur consomme une énergie folle, vous laissant vidé. Ce ressentiment constant met votre corps en état de stress permanent, et cela peut avoir des effets sur votre santé physique : votre cœur peut être mis à rude épreuve, votre digestion peut souffrir, votre sommeil peut être perturbé. Votre esprit est piégé dans un cycle sans fin de pensées sur l'injustice subie, vous empêchant de vous concentrer sur le présent ou de construire votre futur. Et puis, la méfiance que vous cultivez peut se projeter sur vos relations futures, vous empêchant de créer des liens profonds et authentiques. Tant que la rancœur est là, la blessure reste ouverte. Le pardon, c'est une étape essentielle pour fermer ce chapitre et commencer à reconstruire.

Alors, quels sont les **bénéfices du pardon** ? Il vous apporte une **paix intérieure** immense. Il libère votre esprit de ces ruminations incessantes et votre cœur de cette amertume, vous permettant de retrouver un calme bienfaisant. L'énergie que vous dépensiez à entretenir la rancœur est récupérée et vous pouvez l'investir dans des choses positives et constructives. La réduction du stress chronique a des effets positifs sur votre santé physique et mentale. En vous libérant des chaînes du passé, vous êtes bien plus apte à construire de nouvelles relations basées sur la confiance et l'authenticité, sans projeter vos anciennes blessures sur les nouvelles personnes. Et finalement, le pardon est un signe de votre **force**, de votre maturité émotionnelle et de votre résilience. C'est un grand pas vers votre **autonomie émotionnelle**.

Pardonner n'est pas un acte que vous faites pour l'autre, mais un cadeau immense que vous vous faites à vous-même. C'est reconnaître que l'offense appartient au passé et que la souffrance qui en découle n'a plus à définir qui vous êtes aujourd'hui. C'est un choix délibéré de lâcher prise pour avancer.

Exercice pratique : La Lettre Non Envoyée du Pardon

Choisissez une personne qui vous a blessé et à qui vous avez du mal à pardonner. Prenez un carnet et écrivez une lettre à cette personne, sans aucune intention de l'envoyer.

1. **Exprimez votre douleur** : Décrivez précisément comment ses actions vous ont affecté, les émotions que vous avez ressenties (colère, tristesse, peur, trahison). Laissez tout sortir, sans vous censurer.
2. **Exprimez vos besoins** : Dites ce dont vous auriez eu besoin de sa part à l'époque (des excuses, de la compréhension, du soutien).
3. **Affirmez vos limites** : Énoncez clairement ce que vous ne tolérerez plus à l'avenir dans vos relations.
4. **La décision du pardon** : Concluez la lettre en exprimant votre décision de lâcher prise de la rancœur. Par exemple : "Je choisis de vous pardonner, non pas parce que ce que vous avez fait est acceptable, mais parce que je refuse de laisser cette douleur me définir davantage. Je me libère de cette colère pour mon propre bien-être."
5. **Brûlez ou déchirez la lettre** : Ce geste est symboliquement très fort. Il signifie que vous libérez ces émotions et que vous ne les portez plus.

Cet exercice va vous permettre de libérer des émotions que vous avez gardées en vous, de reconnaître et de valider votre propre douleur, et de prendre la décision consciente de relâcher la rancœur. C'est une véritable catharsis émotionnelle sans confrontation directe. Ce geste symbolique d'effacement de la lettre ancre votre décision de pardonner et de vous libérer.

5.2 Le Pardon envers Vous-même : Lâcher Prise de la Culpabilité et de la Honte

Si pardonner aux autres est important, le **pardon envers vous-même** est sans doute la forme la plus difficile, mais aussi la plus libératrice qui soit. Vous portez souvent en vous un juge intérieur très sévère, une voix héritée des critiques de votre enfance, qui vous condamne pour vos erreurs passées, vos imperfections, ou même pour les émotions que vous avez ressenties. Cette culpabilité et cette honte que vous vous infligez peuvent devenir un fardeau psychologique qui vous paralyse, vous empêchant d'avancer et de vous accepter pleinement.

D'où viennent ces **racines de la culpabilité et de la honte** envers soi ? Si, enfant, vous avez été constamment critiqué, blâmé, ou si vous vous êtes senti responsable des malheurs familiaux, vous avez intériorisé ces messages. L'adulte que vous êtes devenu continue alors de se critiquer avec la même dureté que ses figures parentales. Le perfectionnisme est aussi une source : cette exigence irréaliste envers vous-même vous pousse à vous sentir constamment en faute, même pour les moindres erreurs. Nous portons aussi les regrets de nos erreurs passées, des choix que nous regrettons amèrement, des moments où nous n'avons pas été à la hauteur de nos propres attentes ou de celles des autres. Enfin, la honte est souvent liée à un sentiment profond d'être fondamentalement défectueux, indigne d'amour ou de bonheur.

Si vous ne vous pardonnez pas, les conséquences peuvent être lourdes. La culpabilité inconsciente peut vous pousser à l'**auto-sabotage**, vous punissant vous-même par des échecs répétés, des relations toxiques, ou des comportements autodestructeurs. Ce jugement constant **mine votre confiance en vous** et votre amour-propre, créant un cercle vicieux de dévalorisation. Le poids de la culpabilité et de la honte est aussi un facteur important dans l'anxiété et la dépression. La peur de faire de nouvelles erreurs, et d'être encore plus coupable, peut entraîner une paralysie et une incapacité à agir. Et vous pouvez vous sentir indigne de recevoir de l'amour, de l'aide ou du succès, sabotant inconsciemment vos opportunités.

Alors, comment fonctionne exactement ce **processus du pardon de soi** ? Ce n'est pas de l'auto-indulgence, mais une démarche de reconnaissance, d'acceptation et de compassion. D'abord, il s'agit de **reconnaître l'erreur** ou l'action : admettre ce qui s'est passé sans se cacher la vérité, mais aussi sans vous flageller. Ensuite, **comprenez le contexte** : essayez de saisir pourquoi vous avez agi ainsi à ce moment-là, avec les ressources et la compréhension que vous aviez alors. Ici, l'**auto-compassion** est essentielle, en vous disant : "J'ai fait de mon mieux avec ce que j'avais."

Après, il est important d'**assumer la responsabilité, mais pas la culpabilité**. Acceptez que vous soyez responsable de vos actions, mais relâchez ce jugement accablant de la culpabilité et de la honte. C'est là une différence fondamentale : la responsabilité vous permet d'apprendre, la culpabilité vous paralyse. **Apprenez et grandissez** : tirez les leçons de l'expérience et décidez d'agir différemment à l'avenir. Enfin, **offrez-vous de la compassion** : traitez-vous avec la même bienveillance que vous offririez à un ami cher qui aurait fait la même erreur. Acceptez votre humanité imparfaite.

Les **bénéfices du pardon de soi** sont immenses. La libération émotionnelle est palpable : le poids de la culpabilité diminue, laissant place à un sentiment de légèreté et de liberté. Vous **renforcez aussi votre estime de vous** : en cessant de vous critiquer, vous construisez une image de vous plus saine et plus réaliste, basée sur l'acceptation de vos imperfections. Vous accédez à une plus grande **authenticité** : en pardonnant vos propres fautes, vous osez davantage être vous-même, sans le masque de la perfection. Libéré de la peur de l'échec et du jugement, vous êtes **plus motivé à agir**, à prendre des risques et à vous engager dans la vie. Et enfin, en vous aimant vous-même, vous vous ouvrez à recevoir l'amour des autres de manière plus saine et plus équilibrée.

Le pardon de soi est le fondement de toute guérison profonde. Il ne s'agit pas de justifier ce que vous avez fait, mais de reconnaître votre humanité, votre vulnérabilité et votre capacité à apprendre et à grandir. C'est un acte d'amour radical envers vous-même.

Exercice pratique : La Méditation du Pardon de Soi

Installez-vous confortablement, fermez les yeux. Prenez quelques respirations profondes pour vous centrer.

1. **Visualisez l'erreur** : Amenez à votre esprit une action, un choix ou une pensée pour laquelle vous vous sentez coupable ou honteux. Ne vous jugez pas, observez simplement.
2. **Reconnaissez la souffrance** : Prenez conscience de la souffrance que cette culpabilité vous inflige (physiquement, émotionnellement).
3. **L'intention de pardon** : Formulez mentalement l'intention de vous pardonner : "Je me pardonne pour [l'action/l'erreur]. Je reconnais que j'ai fait de mon mieux avec ce que je savais à ce moment-là. Je me libère de cette culpabilité."
4. **La compassion** : Placez une main sur votre cœur. Imaginez que vous envoyez de la chaleur, de la lumière et de la bienveillance à cette partie de vous qui souffre. Dites-vous intérieurement des phrases d'auto-compassion : "Je suis humain, je fais des erreurs. Je m'accepte tel que je suis, avec mes imperfections. Je suis digne d'amour et de pardon."
5. **Libération** : Imaginez cette culpabilité se dissoudre, comme une fumée qui s'élève et disparaît. Sentez la légèreté prendre sa place.

Cette méditation va vous permettre de cultiver l'auto-compassion et de libérer la culpabilité et la honte que vous vous infligez. En la pratiquant régulièrement, vous entraînez votre cerveau à répondre à l'auto-critique par la compassion, transformant ainsi votre relation avec vous-même et libérant une immense énergie pour vous épanouir.

5.3 Le Pardon et les Attentes : Lâcher Prise de la Réparation de l'Autre

Un aspect essentiel du pardon, et souvent mis de côté, est le **lâcher-prise des attentes de réparation de l'autre**. Beaucoup de personnes ont du mal à pardonner parce qu'elles attendent, consciemment ou non, que l'offenseur reconnaisse sa faute, qu'il présente des excuses sincères, ou même qu'il subisse une forme de conséquence pour ce qu'il a fait. Ce sont des désirs très humains et légitimes. Mais si vous faites dépendre votre propre processus de pardon de la réaction de l'autre, vous lui donnez le pouvoir sur votre propre paix intérieure.

Ces **attentes déçues** sont une source de souffrance. Quand l'autre ne reconnaît pas sa faute, ne s'excuse pas, ou continue d'agir de manière inappropriée, la douleur peut se réveiller. C'est particulièrement vrai avec des parents qui ne peuvent ou ne veulent pas admettre leurs erreurs passées, souvent à cause de leurs propres blessures ou de leurs mécanismes de défense. Cette absence de "réparation" peut maintenir la blessure ouverte et empêcher le pardon. Le fait que l'offenseur ne reconnaisse pas la douleur qu'il a causée est une blessure en soi. L'absence d'excuses sincères peut être un obstacle majeur au pardon. Et il y a ce désir que l'autre souffre ou soit puni pour ses actes.

Il est fondamental de comprendre une chose : la capacité d'une personne à reconnaître ses torts, à s'excuser sincèrement, ou à changer son comportement, dépend de **son propre niveau de conscience**, de sa maturité émotionnelle et de sa capacité à faire face à sa propre culpabilité. Ces capacités sont souvent limitées chez les personnes qui ont elles-mêmes souffert ou qui n'ont pas travaillé sur leurs propres blessures. Il est irréaliste d'attendre de l'autre une réaction qu'il n'est pas capable de vous donner.

Le **lâcher-prise**, c'est quand vous réalisez que votre paix intérieure ne peut pas dépendre de ce que l'autre fait ou ne fait pas. C'est une décision que vous prenez seul, de votre côté. Cela signifie **accepter la réalité** : accepter que l'autre ne changera peut-être jamais, qu'il ne s'excusera peut-être jamais, et que la justice que vous espérez ne viendra peut-être jamais. C'est aussi **déconnecter votre bien-être de l'autre** : comprendre que votre propre guérison et votre propre paix sont des processus internes qui ne dépendent pas de la réaction de celui qui vous a blessé. Vous devez alors **vous concentrer sur vous** : diriger votre énergie vers votre propre guérison, plutôt que de la gaspiller à attendre ce qui pourrait ne jamais arriver. Enfin, cela implique de **poser des limites saines** : le pardon ne signifie pas tolérer l'abus ou la répétition de l'offense. Il s'accompagne souvent de la décision de poser des limites claires, voire de vous éloigner de la relation si elle reste toxique. Le pardon met fin au ressentiment, pas nécessairement à la conséquence ou à la relation.

Les **bénéfices** de ce lâcher-prise sont nombreux. Vous gagnez en **autonomie émotionnelle** : vous reprenez le plein pouvoir sur votre état émotionnel, ne le laissant plus otage des actions d'autrui. La souffrance liée aux attentes déçues diminue considérablement. L'énergie que vous dépensiez à attendre et à espérer une réparation illusoire est libérée. Vous trouvez la paix même face à l'injustice non reconnue. Et vous développez une grande sagesse : comprendre que le chemin de l'autre lui appartient, et que vous ne pouvez contrôler que votre propre réaction.

Le pardon n'est pas un accord qui se fait à deux. C'est un acte de **souveraineté personnelle**. C'est vous donner à vous-même la permission d'être libre, peu importe ce que l'autre fait. C'est la preuve ultime de votre résilience et de votre maturité.

Exercice pratique : La Méditation du Lâcher-Prise des Attentes

Installez-vous confortablement. Fermez les yeux. Concentrez-vous sur votre respiration.

1. **Visualisez l'attente** : Pensez à une personne qui vous a blessé et à l'attente spécifique que vous avez encore envers elle (par exemple : "Je veux qu'il/elle s'excuse", "Je veux qu'il/elle reconnaisse le mal qu'il/elle m'a fait", "Je veux qu'il/elle change").
2. **Ressentez l'attachement** : Remarquez où cette attente se loge dans votre corps, les tensions qu'elle crée.
3. **L'acceptation** : Formulez mentalement : "J'accepte que je ne puisse pas contrôler [le comportement de l'autre/ses excuses/sa reconnaissance]. Je lâche prise sur le besoin que [cette personne] agisse d'une certaine manière pour que je trouve la paix."
4. **Visualisez le lâcher-prise** : Imaginez cette attente comme une corde qui vous lie à l'autre. Sentez cette corde se relâcher, se détendre, puis se défaire. Imaginez-la s'envoler, se dissoudre.
5. **Reprenez votre pouvoir** : Sentez l'énergie qui était investie dans cette attente revenir à vous. Dites-vous : "Ma paix ne dépend pas de [cette personne], elle dépend de moi. Je choisis ma paix."

Cette méditation va vous aider à vous détacher des attentes de réparation de l'autre et à reprendre le pouvoir sur votre propre paix intérieure. Elle vous permet de couper les liens énergétiques et émotionnels qui vous lient à la souffrance causée par l'autre. Vous pourrez ainsi diriger votre énergie vers votre propre processus de guérison, et vivre une vie plus libre, sans dépendre de la reconnaissance ou du changement d'autrui.

5.4 Le Pardon et les Limites : Un Acte de Protection de Vous-même

Le pardon, tel que nous l'avons exploré, est un acte interne de libération. Mais il est absolument crucial de ne pas le confondre avec l'oubli, la réconciliation forcée ou, ce qui serait encore pire, l'absence de limites. Le pardon **n'est pas une invitation à se faire blesser à nouveau**. Au contraire, il s'accompagne très souvent d'un renforcement, ou même d'une mise en place, de **limites saines**. Poser des limites est un acte d'auto-préservation et de protection, essentiel pour maintenir votre intégrité après avoir fait ce travail de lâcher-prise.

Alors, pourquoi ces limites sont-elles inséparables du pardon ?

D'abord, pour **s'assurer que cela ne se reproduise pas**. Pardonner une offense ne signifie pas que vous devez en tolérer une nouvelle. Poser des limites claires est un moyen de communiquer ce qui est acceptable et ce qui ne l'est pas, protégeant ainsi votre bien-être futur. Par exemple, si vous avez pardonné à votre mère ses critiques constantes, cela ne veut pas dire que vous devez continuer à les accepter. Vous pouvez lui poser une limite en lui disant : "Maman, si tu continues à me critiquer sur ce sujet, je devrai mettre fin à notre conversation."

Ensuite, c'est une **affirmation de votre valeur**. Fixer des limites, c'est une déclaration puissante que votre paix, votre temps et votre énergie sont précieux. C'est un acte de respect envers vous-même, qui renforce l'estime de soi que vous avez acquise par le pardon.

Ces limites contribuent aussi à la **santé de vos relations**. Les relations saines sont basées sur le respect mutuel et des limites claires. Pardonner et poser des limites vous permet de reconstruire des relations sur des bases plus équilibrées, ou de vous éloigner de celles qui restent toxiques. Par exemple, si vous avez pardonné à un ami qui vous avait souvent laissé tomber, vous pouvez, pour protéger votre relation future et votre propre temps, décider de ne plus compter sur lui pour des engagements importants. Vous agissez sans rancune, mais avec une clarté nouvelle.

Enfin, les limites vous apportent **clarté et alignement**. Elles vous aident à vivre en accord avec vos valeurs et vos besoins. Elles sont un baromètre de ce qui vous nourrit et de ce qui vous épuise.

Les limites peuvent être de différentes natures.

Il y a les **limites physiques** : vous définissez votre espace personnel, votre contact physique. Cela peut être refuser une accolade si vous n'en avez pas envie, ou vous éloigner d'une personne qui envahit votre espace.

Puis les **limites émotionnelles** : vous protégez votre énergie émotionnelle, vous refusez d'être le réceptacle des émotions négatives d'autrui sans réciprocité. Vous pouvez dire : "Je ne peux pas absorber plus de plaintes aujourd'hui" ou "Je ne suis pas disponible pour écouter ça en ce moment."

Les **limites temporelles** : vous gérez votre temps, vous ne vous laissez pas déborder par les demandes des autres. Vous pouvez définir une heure limite pour les appels ou les messages, ou refuser des engagements excessifs.

Les **limites matérielles ou financières** : vous protégez vos biens ou vos ressources. Vous pouvez refuser de prêter de l'argent si cela vous met en difficulté, ou ne pas laisser les autres abîmer vos affaires.

Et enfin, les **limites mentales** : vous protégez votre espace mental, vous ne laissez pas les autres vous imposer leurs croyances ou opinions. Vous pouvez dire : "Je ne suis pas d'accord avec cette idée et je préfère ne pas en discuter."

Comment poser des limites saines ? D'abord, **identifiez vos besoins**. Avant de poser une limite, sachez ce dont vous avez besoin pour vous sentir en sécurité, respecté et épanoui. Par la suite, **communiquez clairement et calmement** : exprimez vos limites de manière directe, concise et sans agressivité. Utilisez des phrases commençant par "Je" pour exprimer votre besoin (par exemple : "J'ai besoin de..." ou "Je ne me sens pas à l'aise quand..."). Soyez **ferme et cohérent** : une limite n'est efficace que si elle est maintenue. Ne reculez pas face aux tentatives de l'autre de la tester. Acceptez la réaction de l'autre : il est possible que l'autre réagisse avec surprise, frustration ou même colère. Ce n'est pas votre responsabilité de gérer leur réaction, mais de maintenir votre limite. Une réaction négative n'invalide pas votre besoin. Et si c'est nouveau pour vous, **commencez petit** : posez des petites limites dans des situations moins chargées émotionnellement.

Les bénéfices de combiner le pardon et les limites sont une **liberté authentique** : le pardon vous libère du passé, et les limites vous protègent dans le présent et pour l'avenir. Vous aurez des **relations plus saines** : en sachant ce que vous ne tolérerez plus, vous attirez et maintenez des relations plus respectueuses. Vous **renforcez votre identité** : vous apprenez à vous affirmer et à honorer vos propres besoins, consolidant la personne que vous devenez. Et vous aurez **moins de ressentiment** : en agissant pour vous protéger, vous diminuez les chances que de nouveaux ressentiments s'accumulent.

Le pardon sans limites est une forme de vulnérabilité excessive ; les limites sans pardon peuvent être des murs de protection amers. C'est l'équilibre entre les deux qui crée la véritable liberté et la sécurité intérieure.

Exercice pratique : Ma Limite Essentielle

Identifiez une situation ou une relation où vous avez besoin de poser une limite plus claire.

1. **La situation ou la relation** : Décrivez brièvement la situation ou la relation où une limite fait défaut.
2. **Le besoin non satisfait** : Quel est votre besoin non satisfait dans cette situation ? (Par exemple : "Besoin de respect", "Besoin de temps pour moi", "Besoin que mes opinions soient entendues").
3. **La limite spécifique** : Formulez la limite que vous souhaitez poser de manière claire et concise. (Par exemple : "Je ne répondrai plus aux appels après 20h", "Je ne parlerai plus de ce sujet si vous haussez le ton", "Je n'accepterai plus de travail supplémentaire si cela impacte mon week-end").
4. **Ma phrase "Je"** : Écrivez la phrase que vous utiliserez pour exprimer cette limite. (Par exemple : "Je me sens dépassé(e) quand je travaille le week-end, donc je ne pourrai pas prendre de tâches supplémentaires.")
5. **Le premier petit pas** : Quel est le premier petit pas que vous pouvez faire pour mettre en œuvre cette limite dans les 24-48 heures ? (Par exemple : "M'entraîner à dire cette phrase devant le miroir", "Envoyer un message bref pour informer de ma nouvelle limite", "Fixer un rappel pour ne pas répondre aux appels après 20h").

En posant cette limite, vous agissez concrètement pour votre bien-être. Cela renforce votre estime de soi, réduit le stress lié à l'envahissement, et crée un espace pour des relations plus respectueuses et alignées avec la personne que vous devenez.

5.5 Le Pardon comme Processus Continu : Une Pratique de Vie

Le pardon est rarement quelque chose que l'on fait une bonne fois pour toutes, comme on raye une tâche de sa liste. Il est bien plus juste de le voir comme un **processus continu**, une pratique de vie qui s'approfondit avec le temps et l'expérience. Les blessures, surtout celles de l'enfance, peuvent laisser des traces profondes, et le chemin vers une libération totale n'est pas toujours une ligne droite. Il peut y avoir des retours en arrière, des moments où la colère ou le ressentiment ressurgissent. C'est justement à ces moments-là que comprendre le pardon comme un processus devient essentiel.

Alors, pourquoi le pardon est-il un processus et non un événement ?

D'abord, à cause de la **complexité de nos blessures**. Les traumatismes, surtout ceux de l'enfance, sont souvent comme les couches d'un oignon. Chaque couche peut nécessiter son propre travail de pardon, envers soi-même et envers les autres. Ensuite, il y a les **déclencheurs**, ou "*triggers*". Des situations, des personnes ou des anniversaires peuvent réactiver de vieilles douleurs, même après un travail de pardon initial. Cela ne signifie pas que votre pardon a échoué, mais plutôt que c'est une occasion de le réappliquer. Par exemple, si vous pensiez avoir pardonné à votre père son absence, mais que chaque fête des pères ravive une tristesse et une colère, plutôt que de vous juger, vous pouvez comprendre que c'est une occasion de réappliquer le pardon et de valider votre douleur persistante.

Avec le temps et la maturation, votre **compréhension des événements passés peut évoluer**. Ce que vous perceviez d'une certaine manière à un moment donné peut être compris différemment plus tard, permettant une forme de pardon plus profonde. Par exemple, après plusieurs années de thérapie, vous pourriez commencer à comprendre les propres difficultés de vos parents. Cette nouvelle perspective ne justifie pas leurs actes, mais elle peut vous permettre de pardonner avec une compassion plus nuancée. Et la vie continue : de nouvelles offenses ou de nouvelles erreurs personnelles peuvent survenir. Le pardon n'est pas un concept à utiliser une fois pour toutes, mais une compétence à développer et à utiliser régulièrement.

Comment cultiver le pardon comme une pratique de vie ?

Acceptez les hauts et les bas : reconnaissez que le chemin du pardon aura ses jours avec et ses jours sans. Un retour en arrière n'est pas un échec, mais une opportunité de renforcer votre pratique. Pratiquez l'**auto-compassion** : quand le ressentiment ou la culpabilité ressurgissent, traitez-vous avec douceur et compréhension, plutôt qu'avec auto-jugement. Rappelez-vous que vous êtes humain et que la guérison prend du temps. N'hésitez surtout pas à **utiliser les outils** : réactivez les exercices de pardon (la lettre non envoyée, les méditations) chaque fois que vous sentez le besoin de relâcher de vieilles ou de nouvelles émotions négatives. Et n'oubliez pas de **maintenir vos limites** : un pardon continu ne signifie pas des limites poreuses. Continuez à poser et à maintenir des limites saines pour vous protéger des sources récurrentes de douleur.

Vous pouvez aussi **cultiver la gratitude** : être reconnaissant pour ce qui est bon dans votre vie peut aider à équilibrer les émotions négatives liées aux blessures du passé. Pour certains, le pardon peut s'inscrire dans une perspective spirituelle ou philosophique plus large, donnant un sens à la souffrance et au lâcher-prise. Enfin, **célébrez vos progrès** : reconnaissez le chemin parcouru. Chaque pas de pardon est un signe de votre force intérieure et de votre engagement envers votre propre bien-être.

Les **bénéfices du pardon continu** sont nombreux. Vous développez une **résilience accrue** : vous êtes capable de naviguer parmi les douleurs de la vie avec plus de flexibilité et moins de rigidité. En nettoyant régulièrement le ressentiment, vous maintenez une **paix intérieure plus durable**. Chaque acte de pardon approfondit votre compréhension de vous-même et des autres, favorisant une **croissance constante**. Et enfin, vous gagnez une **liberté continue** : vous ne laissez plus les blessures du passé ou du présent vous enfermer, mais vous choisissez de vivre dans la liberté émotionnelle.

Le pardon est un cadeau que vous continuez à vous offrir, jour après jour. C'est un engagement envers votre propre liberté et votre capacité à vivre pleinement, peu importe les ombres du passé. C'est la sagesse de savoir que la guérison est un voyage, et que chaque pas de pardon vous rapproche de votre moi le plus authentique et le plus serein.

Exercice pratique : Mon Rendez-vous de Pardon Périodique

Désignez un moment régulier (par exemple, une fois par semaine, ou une fois par mois) pour un "rendez-vous de pardon" avec vous-même.

1. **Fréquence et moment** : Choisissez une fréquence et un moment précis (par exemple : "chaque dimanche soir", "le premier du mois à midi").
2. **Mon rituel** : Décidez d'un court rituel que vous ferez à ce moment-là. Cela peut être :
    - Relire les bénéfices du pardon.
    - Réfléchir à une petite situation récente où vous avez eu du mal à pardonner à quelqu'un ou à vous-même, et appliquer mentalement l'un des exercices du pardon (la lettre non envoyée, la méditation du pardon de soi ou du lâcher-prise des attentes).
    - Écrire dans un journal sur ce que vous avez pardonné ou ce que vous cherchez encore à pardonner.
    - Simplement vous asseoir en silence et définir l'intention de relâcher tout ressentiment ou culpabilité.
3. **Mon auto-compassion** : Engagez-vous à être doux et patient avec vous-même pendant ce processus, sans jugement.

Ce rendez-vous vous permet de faire le ménage émotionnel régulièrement, empêchant les rancœurs de s'accumuler. Vous cultivez ainsi une paix intérieure durable et une résilience face aux défis de la vie, en reconnaissant que la libération est un cheminement continu.

5.6 Le Pardon et la Transformation de l'Héritage : Du Fardeau à la Sagesse

Le travail de pardon, envers les autres et envers vous-même, mène à une transformation profonde : celle de l'héritage de vos blessures. Ce que vous avez pu percevoir comme un fardeau, une fatalité issue du passé, peut être métamorphosé en une source de sagesse, de compassion et de force. Il ne s'agit pas d'effacer le passé, mais de **changer la relation que vous entretenez avec lui**, permettant à vos expériences douloureuses de devenir des catalyseurs de croissance plutôt que des chaînes.

Alors, comment ces blessures deviennent-elles sagesse ?

En travaillant sur le pardon, vous commencez à voir que la souffrance, même atroce, a pu vous enseigner des leçons inestimables sur la **résilience**, la **compassion** et la **connaissance de soi**. Par exemple, si vous avez pardonné les blessures de votre enfance, vous pourriez réaliser que ces épreuves vous ont appris une incroyable empathie. Vous utilisez désormais cette qualité pour soutenir d'autres personnes en difficulté, transformant votre propre douleur en une ressource précieuse pour autrui.

Vos expériences passées, en vous poussant à chercher le pardon et à vous libérer, vous ont rendu plus fort et plus autonome émotionnellement. Vous n'êtes plus défini par ce qui vous est arrivé, mais par la manière dont vous avez choisi de réagir. Par exemple, si vous avez cessé de vous sentir coupable pour vos erreurs passées grâce au pardon de soi, cette libération vous permet de prendre des décisions plus audacieuses dans votre carrière, ne craignant plus l'échec et le jugement.

Votre chemin de pardon et de transformation peut devenir une source d'inspiration et d'espoir pour votre entourage, montrant qu'il est possible de transcender la douleur. Si vous avez réussi à pardonner une trahison majeure, vous pouvez partager votre expérience avec un ami traversant une situation similaire. Votre témoignage, empreint de sagesse, offre à votre ami une perspective nouvelle et encourageante. En ayant traversé ce processus, vous développez une plus grande capacité à pardonner les petites offenses du quotidien, car vous comprenez le prix du non-pardon. Enfin, vous cessez d'être la victime de votre histoire pour devenir l'**auteur de votre propre récit**, un récit de résilience, de force et de renouveau.

Il y a cependant des pièges à éviter dans cette transformation. Il ne s'agit pas de glorifier la souffrance ou de la considérer comme nécessaire. La douleur n'est jamais souhaitable, mais la croissance qui en découle est possible. Il faut aussi faire attention à ne pas reproduire inconsciemment les dynamiques douloureuses avec les générations futures ou dans de nouvelles relations. Et transformer le fardeau ne signifie pas oublier les leçons apprises ou les limites établies. La sagesse réside dans la mémoire consciente sans la rancœur.

Comment cultiver la sagesse issue du pardon ?

Prenez régulièrement le temps de **réfléchir et d'exprimer votre gratitude** pour le chemin parcouru. Remarquez les qualités que vous avez développées grâce aux défis, et soyez reconnaissant pour votre propre résilience. Si cela vous semble approprié, **partagez votre histoire** de pardon et de transformation avec des personnes de confiance ; cela peut renforcer votre propre compréhension et aider les autres. Utilisez la sagesse acquise pour vous engager dans des **actions inspirées** qui nourrissent votre âme, comme le bénévolat, la création artistique, ou le soutien à des causes qui vous tiennent à cœur. Enfin, **acceptez la complétude** : comprenez que vos cicatrices ne sont pas des marques de faiblesse, mais des témoignages de votre force et de votre capacité à guérir et à grandir. Elles font partie intégrante de la personne complète que vous êtes.

Les **bénéfices de la transformation de l'héritage** sont profonds. Vous ressentez une **paix profonde** : la réconciliation avec votre passé vous apporte une sérénité inébranlable. La sagesse acquise peut vous donner un **but renouvelé** et une nouvelle direction à votre vie. Vous êtes capable de transmettre un **héritage positif** de résilience, de compassion et de pardon aux générations futures, rompant ainsi les cycles de souffrance. Et vous embrassez pleinement une **identité authentique et puissante**, non pas comme un fardeau, mais comme la fondation de votre force actuelle.

Le pardon n'est donc pas la fin du chemin, mais le début d'une nouvelle ère où le passé, loin d'être un poids, devient un allié, une source de sagesse inestimable qui vous guide vers une vie plus riche, plus épanouissante et plus consciente.

Exercice pratique : Ma Sagesse Issue du Passé

Réfléchissez à une blessure passée (envers autrui ou vous-même) pour laquelle vous avez travaillé sur le pardon.

1. **La blessure initiale** : Nommez brièvement la blessure ou l'événement pour lequel vous avez eu besoin de pardonner.
2. **Le fardeau d'avant le pardon** : Quels étaient les sentiments, les pensées, les comportements que cette blessure vous causait avant le travail de pardon ? (Par exemple : "Rancœur constante", "Culpabilité paralysante", "Méfiance envers les autres").
3. **La sagesse acquise par le pardon** : Quelles leçons avez-vous tirées de cette expérience et du processus de pardon ? Quelles qualités avez-vous développées ? (Par exemple : "J'ai appris la résilience", "J'ai développé la compassion pour moi-même", "Je sais poser des limites plus claires", "J'ai plus confiance en mon intuition").
4. **Comment je peux utiliser cette sagesse aujourd'hui** : Donnez un exemple concret de la manière dont cette sagesse vous sert dans votre vie actuelle. (Par exemple : "Je suis plus patient avec les erreurs des autres", "Je m'accorde le droit à l'imperfection", "Je ne me laisse plus manipuler", "Je suis un meilleur soutien pour mes proches").

Cet exercice vous permet de voir concrètement comment les expériences douloureuses, une fois traversées et pardonnées, peuvent devenir des sources de force et de sens. Vous renforcez votre sentiment de résilience et votre capacité à transformer les défis en opportunités de croissance, consolidant votre chemin vers une vie plus épanouie.

5.7 Le Pardon comme Acte de Foi : Oser la Vulnérabilité et l'Ouverture

Le pardon est, au-delà de la libération et de la transformation, un **profond acte de foi**. C'est une foi en votre propre capacité à guérir, une foi en la possibilité d'un avenir différent, et parfois, une foi en l'humanité, même face à l'injustice. Oser pardonner, c'est oser la **vulnérabilité** et l'**ouverture** au monde et à vous-même, malgré les peurs qui peuvent encore subsister.

Pourquoi le pardon demande-t-il un acte de foi ?

D'abord, c'est un véritable **saut dans l'inconnu**. Lâcher prise de la rancœur et de la culpabilité, c'est abandonner des schémas connus, même s'ils sont douloureux. C'est un pas vers l'inconnu, qui demande de faire confiance au processus de guérison. Par exemple, si vous vous étiez construit sur une identité de victime de votre passé, pardonner signifie pour vous renoncer à cette identité. Ce processus, bien que libérateur, peut aussi générer de l'incertitude quant à qui vous serez sans ce rôle. C'est un acte de foi en votre capacité à vous redéfinir.

Ensuite, le pardon implique une **confiance profonde en votre résilience**. C'est une conviction que vous êtes assez fort pour ne pas être brisé par la douleur passée, ni par la possibilité de futures blessures. C'est une foi en votre propre capacité à vous relever. Si vous avez été trahi et que vous avez eu du mal à faire confiance aux autres, le pardon envers votre offenseur, et surtout le lâcher-prise de l'attente de réparation, demande un acte de foi. Vous devez croire que vous pourrez de nouveau établir des liens, même en sachant que le risque d'être blessé existe toujours.

Le non-pardon ferme le cœur et protège derrière des murs. Le pardon est un acte d'ouverture qui vous rend **vulnérable**, mais aussi capable de ressentir la joie, l'amour et la connexion. C'est une foi en la vie elle-même. Par exemple, si vous aviez fermé votre cœur après des déceptions amoureuses, pardonner vos ex-partenaires, et surtout vous pardonner vos propres erreurs relationnelles, demande de la foi en votre capacité à aimer et à être aimé, même si cela implique la vulnérabilité. Enfin, le pardon de soi et des autres demande d'avoir foi en l'idée que **l'imperfection est humaine**, et que votre valeur ne dépend pas de l'absence d'erreurs.

Alors, comment se manifeste cet acte de foi ? Vous commencez à **abandonner votre armure** : vous baissez les défenses que vous aviez érigées pour vous protéger, permettant à votre véritable vous de s'exprimer. Vous vous sentez capable de faire de **nouveaux choix** : libéré des chaînes du passé, vous vous sentez plus libre de faire des choix alignés avec vos désirs et vos valeurs actuelles, même s'ils impliquent des risques. En étant plus ouvert et moins craintif, vous permettez l'établissement de **relations plus profondes**. Le poids du passé est allégé, vous permettant d'avancer avec plus d'aisance et d'enthousiasme, et vous ressentez une **légèreté** grandissante. Et en vous pardonnant et en pardonnant aux autres, vous rétablissez une **connexion plus profonde et plus aimante avec votre essence**.

Les **bénéfices de cette foi dans le pardon** sont importants. Vous ressentez une **paix intérieure inébranlable** : savoir que vous pouvez naviguer parmi les douleurs et les offenses avec la capacité de pardonner vous apporte une sérénité profonde. Un **courage renouvelé** : la foi dans votre processus de guérison vous donne le courage d'affronter de nouveaux défis et de saisir de nouvelles opportunités. Vos **relations deviennent plus épanouissantes** : votre capacité à vous ouvrir et à faire confiance, tout en posant des limites, mène à des interactions plus riches. Et vous gagnez un **sentiment de liberté absolue** : vous cessez d'être prisonnier du passé pour vivre pleinement le présent.

Le pardon est l'ultime acte de confiance en la vie et en vous-même. C'est choisir de croire que la lumière est plus forte que l'ombre, et que votre capacité à aimer et à vous épanouir l'emporte sur toutes les blessures passées. C'est un chemin de courage, de vulnérabilité et, finalement, de liberté.

Exercice pratique : Votre Acte de Foi du Pardon

Pensez à un domaine de votre vie où vous vous sentez encore un peu "fermé(e)" ou "protecteur(trice)" à cause d'une blessure passée, malgré le travail de pardon.

1. **Le domaine de la fermeture** : Quel est ce domaine (par exemple : "faire confiance à de nouvelles personnes", "oser prendre des risques professionnels", "exprimer mes vrais sentiments en amour") ?
2. **La peur sous-jacente** : Quelle est la peur qui vous retient encore dans ce domaine (par exemple : "Peur d'être trahi(e)", "Peur de l'échec", "Peur du rejet") ?
3. **Votre acte de foi (petit pas)** : Quel est un tout petit acte de foi, une action où vous osez la vulnérabilité et l'ouverture dans ce domaine ?
    - Exemple : Si c'est la peur d'être trahi(e) : "Partager une petite vulnérabilité avec un nouvel ami."
    - Exemple : Si c'est la peur de l'échec professionnel : "Proposer une idée nouvelle lors d'une réunion, même si elle n'est pas parfaite."
    - Exemple : Si c'est la peur du rejet en amour : "Exprimer un sentiment sincère à quelqu'un qui compte, sans attente de retour."
4. **Votre intention** : Formulez clairement votre intention pour cet acte : "Je fais cela par foi en ma capacité à [guérir/être aimé(e)/réussir], et non par résultat."

Chaque petit acte de foi ouvre une porte. Vous renforcez votre courage, réduisez vos peurs et construisez une vie où l'ouverture et la confiance peuvent exister, même avec les inévitables défis. C'est le chemin vers une liberté et une plénitude grandissantes.

Chapitre 6 : La Créativité : L'Élan Vital pour une Nouvelle Vie

Après avoir abordé les profondeurs du passé et la complexité du pardon, il est temps de se tourner vers la créativité. Souvent reléguée au rang de simple hobby ou de talent réservé à quelques artistes, la créativité est en réalité un élan vital fondamental pour tout être humain, une force intrinsèque qui nous pousse à générer, à innover, à résoudre des problèmes et à donner forme à vos pensées et émotions. Pour celui qui a traversé des épreuves, la reconnexion à cette force créatrice n'est pas un luxe, mais une nécessité absolue. Elle est le moyen par excellence de se reconstruire, de transformer ses expériences en une nouvelle narration et de redonner du sens à son existence. Ce chapitre explorera la créativité non seulement comme une expression artistique, mais aussi comme une manière d'être, une capacité à construire et à vivre une vie authentique.

6.1 La Créativité comme Force de Réparation et de Construction de Soi

Lorsque les fondations intérieures ont été ébranlées, la créativité agit comme un puissant mécanisme de réparation et de construction de soi. Elle offre un langage non verbal pour exprimer l'inexprimable, un espace sûr pour donner forme à la confusion et à la douleur, et un terrain fertile pour la résilience. La créativité vous permet de devenir l'architecte de votre propre rétablissement, en vous donnant les outils pour remodeler votre perception du passé et imaginer un avenir différent.

Pourquoi la créativité est-elle réparatrice ? Elle est réparatrice parce qu'elle permet l'**expression des émotions refoulées**. Les traumatismes et les blessures de l'enfance sont souvent stockés au-delà des mots, dans des sensations, des images ou des émotions intenses. La créativité offre des voies pour les exprimer sans avoir à les verbaliser directement. Un dessin, une mélodie, un mouvement de danse peuvent véhiculer une tristesse, une colère ou une peur que l'on ne parvient pas à nommer. Cette expression est une **catharsis**, une libération émotionnelle qui soulage le système nerveux. Imaginez, par exemple, une personne ayant vécu des situations oppressantes dans l'enfance. Elle pourrait trouver un soulagement immense en peignant des scènes abstraites avec des couleurs sombres et des traits énergiques, puis en y ajoutant progressivement des touches de lumière, symbolisant son cheminement vers la liberté.

La créativité vous aide également à **reprendre le contrôle et le pouvoir**. Dans des expériences passées où le contrôle était absent, la créativité redonne le pouvoir d'agir. Créer quelque chose, c'est exercer un contrôle sur la matière, les idées, les formes. C'est transformer le chaos interne en une œuvre cohérente, même si elle n'est destinée qu'à soi-même. Ce processus restaure un sentiment d'**auto-efficacité** et de maîtrise. Elle contribue à la **construction d'une nouvelle narration**. Les blessures du passé peuvent vous enfermer dans une narration de victime. La créativité permet de réécrire votre histoire. En créant, vous passez du rôle de spectateur passif de votre vie à celui d'acteur principal. Vous pouvez symboliquement transformer les expériences négatives en sources d'apprentissage, les cicatrices en marques de force. C'est un moyen de vous réapproprier votre récit de vie.

Pensez à un écrivain qui transforme ses expériences douloureuses d'isolement en un roman de fiction, en donnant à ses personnages la capacité de surmonter les défis. Il réécrit symboliquement son propre destin et trouve du sens à sa souffrance. La créativité est aussi cruciale pour le **développement de l'estime de soi**. Chaque acte créatif, même le plus simple, est une affirmation de soi. Le fait de créer quelque chose de vos propres mains ou de votre propre esprit génère un sentiment de fierté et d'accomplissement. C'est une preuve tangible de votre capacité à produire, à innover, à laisser une marque, ce qui est vital pour une estime de soi fragilisée. Enfin, elle permet la **découverte de potentiels inexplorés**. La créativité vous pousse à explorer des facettes insoupçonnées de votre personnalité. Elle vous invite à prendre des risques, à sortir de votre zone de confort et à découvrir des talents latents. Cette exploration nourrit un sentiment de vitalité et d'aventure dans la vie.

Les **bénéfices** de la créativité dans la guérison sont multiples. Elle entraîne une **réduction du stress et de**

l'anxiété, car les activités créatives sont méditatives et peuvent réduire significativement les niveaux de cortisol (hormone du stress). Elle améliore la **régulation émotionnelle**, en offrant des canaux sains pour exprimer et gérer les émotions intenses. En exprimant votre moi authentique, vous renforcez votre **identité** et votre sens de qui vous êtes. La pensée créative s'applique également à la vie quotidienne, aidant à trouver des **solutions innovantes aux problèmes** que vous rencontrez. La créativité est un chemin de résilience. Elle vous rappelle que vous êtes un être capable non seulement de survivre, mais de transformer la douleur en beauté, le chaos en ordre, et le passé en un tremplin pour l'avenir. C'est une invitation à vous redéfinir non par vos blessures, mais par votre capacité à créer.

Exercice pratique : Mon Carnet Créatif

Procurez-vous un petit carnet et des stylos ou des crayons de couleur. Chaque jour, pendant au moins une semaine, consacrez 10 à 15 minutes à une activité créative simple dans ce carnet. L'objectif n'est pas de faire un chef-d'œuvre, mais d'explorer.

1. **Dessin libre** : Gribouillez, dessinez des formes abstraites, des mandalas, ou des scènes imaginaires. Ne cherchez pas la perfection, laissez votre main bouger librement.
2. **Collage express** : Découpez des images ou des mots dans des magazines et collez-les sans logique apparente. Laissez votre intuition vous guider.
3. **Écriture spontanée** : Écrivez tout ce qui vous passe par la tête, sans filtre ni jugement (écriture automatique). Ce peut être des émotions, des souvenirs, des rêves, des fragments de pensées.
4. **Poésie / Haïkus** : Tentez d'exprimer une émotion ou une observation en quelques lignes, sans vous soucier de la rime ou de la grammaire.

L'objectif de cet exercice est de réactiver votre élan créatif naturel et de lui offrir un espace d'expression libre. Les bénéfices de cette pratique régulière sont multiples : elle débloque les canaux d'expression émotionnelle, réduit la pression de la performance et vous reconnecte à la joie simple de créer. Vous pourriez être surpris par ce qui émerge, offrant des aperçus inattendus sur votre monde intérieur et sur votre capacité à transformer vos expériences.

6.2 L'Innovation dans les Relations : Recréer des Liens Authentiques

Après avoir entamé un processus de guérison et de pardon, la créativité s'étend naturellement à la sphère des relations humaines. Les schémas relationnels appris dans l'enfance (peur de l'abandon, dépendance affective, évitement, attachement fusionnel) peuvent avoir créé des dynamiques limitantes. La créativité relationnelle ne signifie pas manipuler l'autre, mais plutôt innover dans votre manière d'entrer en relation, d'exprimer vos besoins, de poser vos limites, et de construire des liens plus authentiques, basés sur le respect mutuel et l'autonomie. C'est une invitation à sortir des scénarios répétitifs du passé.

Pourquoi la créativité est-elle essentielle pour innover dans vos relations ? Les **obstacles aux relations authentiques** sont souvent la raison. La **peur de la vulnérabilité** est courante : si l'ouverture a été synonyme de blessure dans le passé, vous avez tendance à ériger des murs. Les **mécanismes de défense** aussi, comme le repli sur soi, l'hyper-contrôle, la jalousie ou l'évitement, peuvent devenir des réflexes. La **croyance "Je ne suis pas assez bien"**, issue d'une faible estime de soi, peut amener à vous autosaboter ou à ne pas croire en la sincérité de l'affection d'autrui. Enfin, un **manque de compétences relationnelles** peut exister si vous n'avez pas eu de modèles sains pour apprendre la communication non-violente, la gestion des conflits, ou l'expression de vos besoins.

La **créativité relationnelle en action** se manifeste de plusieurs façons. Vous apprenez à **exprimer vos besoins de manière directe**. Au lieu de vous attendre à ce que l'autre devine vos besoins (ce qui était souvent le cas dans l'enfance où vous ne pouviez pas vous exprimer), la créativité consiste à trouver de nouvelles manières, plus claires et plus affirmées, de communiquer ce que vous ressentez et ce dont vous avez besoin. Par exemple, au lieu de bouder, vous pourriez dire calmement : "J'ai besoin d'un moment seul(e) pour recharger mes batteries. Ce n'est pas contre toi, mais pour mon bien-être." Elle vous permet aussi de **poser des limites saines et respectueuses**. Si le non était interdit ou source de conflit dans l'enfance, apprendre à poser des limites est une forme d'innovation relationnelle. C'est un acte d'auto-respect qui protège votre énergie et votre dignité. Vous pourriez, par exemple, refuser poliment une invitation si vous vous sentez fatigué, sans chercher à vous justifier excessivement.

Vous pouvez aussi **expérimenter d'autres formes de connexion**. Sortez des routines et des attentes mutuelles. Proposez des activités différentes, ayez des conversations plus profondes, explorez des sujets inattendus. La créativité peut aussi se manifester par la capacité à surprendre l'autre, à maintenir une étincelle de curiosité mutuelle. Organisez par exemple une soirée sans écrans pour échanger sur des sujets personnels, ou proposez une activité qui sort de l'ordinaire à un ami.

La créativité vous aide à **gérer les conflits de manière constructive**. Au lieu de les éviter ou d'exploser, la créativité dans le conflit implique de chercher des solutions gagnant-gagnant, d'écouter activement, et d'exprimer vos désaccords sans attaquer la personne. C'est un processus d'innovation pour trouver un terrain d'entente. Enfin, elle vous permet de **choisir des relations nourrissantes**. La créativité s'exprime aussi dans la capacité à vous défaire des relations qui drainent votre énergie et à chercher activement celles qui vous nourrissent, vous élèvent et vous respectent. C'est une reconstruction intentionnelle de votre cercle social.

Les **bénéfices** de l'innovation relationnelle sont des **relations plus sincères et épanouissantes**, basées sur la vérité et le respect mutuel. Elle entraîne une **diminution des conflits et des malentendus**, grâce à une communication plus claire. Votre **confiance en vous** se renforce, car vous savez que vous pouvez vous affirmer et être aimé pour ce que vous êtes. Elle permet également une **réduction de la dépendance affective**, car apprendre à vous aimer vous-même vous permet de ne plus chercher désespérément la validation de l'autre. Les relations sont des créations vivantes. En y appliquant une intention créative, vous pouvez briser les cycles répétitifs du passé et construire des ponts solides et authentiques, qui vous élèvent plutôt que de vous enchaîner.

Exercice pratique : Le Script de la Nouvelle Relation

Pensez à une relation clé dans votre vie (amicale, familiale, amoureuse) où vous souhaitez voir un changement positif.

1. **Décrivez l'ancien script** : Comment cette relation se déroule-t-elle habituellement ? Quels sont les schémas récurrents (ex : "Je me sens jugé", "Je ne peux pas m'exprimer", "On finit toujours par se disputer pour la même chose") ?
2. **Décrivez le nouveau script (créatif)** : Comment souhaiteriez-vous que cette relation se déroule ? Quels nouveaux comportements de votre part pourriez-vous introduire ? (Ex : "J'exprimerai mes besoins calmement", "J'écouterai sans interrompre", "Je poserai une question sur les sentiments de l'autre", "Je ne me justifierai pas excessivement"). Soyez très spécifique.
3. **Le premier petit pas** : Identifiez une situation concrète dans les prochains jours où vous pourrez appliquer un élément de ce nouveau script.

L'objectif de cet exercice est d'utiliser la créativité pour imaginer et mettre en œuvre de nouvelles dynamiques relationnelles. Les bénéfices sont clairs : en changeant votre propre comportement dans une relation, vous brisez la dynamique et invitez l'autre à réagir différemment. Cet exercice vous donne un plan d'action pour transformer vos relations passées en des liens plus nourrissants et conscients.

6.3 L'Innovation dans l'Existence : Créer sa Propre Vie avec du Sens

Au-delà des relations, la créativité est l'ingrédient essentiel pour innover dans son existence toute entière, pour se façonner une vie qui soit véritablement la sienne, pleine de sens et d'alignement. Après avoir déconstruit les attentes extérieures et les schémas hérités, il est temps de devenir l'artisan de votre propre destin, en créant un futur qui reflète vos valeurs, vos passions et vos désirs les plus profonds. C'est l'essence de l'autonomie et de l'épanouissement.

Pourquoi la créativité est-elle essentielle pour l'innovation existentielle ? Les **pièges de la non-créativité dans l'existence** sont nombreux. Vous pouvez vous laisser enfermer dans la **routine et la stagnation**, par peur du changement ou par manque d'inspiration. Vous risquez de **vivre par procuration**, en continuant à vivre selon les attentes des autres (famille, société) plutôt que de définir vos propres objectifs et aspirations. L'**absence de sens** peut vous faire sentir déconnecté de vos actions, sans but clair, même si vous avez une vie réussie aux yeux des autres. Enfin, le **perfectionnisme paralysant** peut vous faire attendre le moment parfait ou le plan idéal pour agir, ce qui conduit inévitablement à l'inaction et au regret.

L'**innovation existentielle en action** se manifeste de plusieurs manières. Vous pouvez commencer par **réaligner votre carrière ou votre activité**. Si votre travail ne procure plus de sens, la créativité consiste à explorer de nouvelles voies professionnelles, à réinventer votre rôle actuel, ou à trouver des moyens astucieux d'intégrer vos passions à votre quotidien. Il ne s'agit pas toujours de tout changer radicalement, mais d'infuser plus de vous-même dans ce que vous faites. Par exemple, un comptable passionné par la nature pourrait créer un blog sur l'écologie ou s'engager bénévolement dans une association de protection de l'environnement, même si cela ne fait pas partie de son métier principal. Cette démarche nourrit son âme et crée un équilibre.

Vous pouvez aussi **redéfinir votre mode de vie**. La créativité peut s'exprimer dans le choix de votre lieu de vie, de votre rythme quotidien, de vos habitudes alimentaires, ou de votre manière de gérer votre temps et vos ressources. C'est une invitation à vous poser la question fondamentale : "Comment puis-je concevoir un environnement qui me nourrisse, me stimule et me permet de m'épanouir pleinement ?" Ce sont des choix conscients qui construisent votre bien-être.

Pensez à **explorer de nouvelles passions et de nouveaux apprentissages**. Continuer à apprendre et à explorer de nouveaux domaines est une forme d'innovation essentielle. Vous pouvez vous inscrire à un cours, lire des livres sur des sujets inattendus ou inconnus, voyager, ou développer de nouvelles compétences, ce qui maintient l'esprit ouvert et nourrit une curiosité vitale. Cela vous permet de vous réinventer constamment.

La créativité vous aide à **développer votre "vision de vie"**. À ce niveau, c'est concevoir la vie que vous souhaitez véritablement vivre, sans les filtres des "il faut" ou "je dois" imposés par les autres ou par des croyances limitantes. C'est un exercice puissant de visualisation où vous imaginez votre futur idéal en termes de relations, de contributions, de bien-être et de sens. Par exemple, vous pourriez créer un tableau de visualisation (vision board) avec des images et des mots inspirants représentant votre vie idéale. Cela rend l'abstrait concret et motive l'action. Enfin, elle vous invite à **cultiver un état d'esprit de "créateur"**. Il s'agit de voir les défis non pas comme des obstacles insurmontables, mais comme des opportunités d'inventer de nouvelles solutions. Les échecs deviennent des leçons précieuses, et la vie elle-même est perçue comme une œuvre d'art en constante évolution. C'est un passage d'une mentalité de victime à une mentalité proactive et créative.

Les **bénéfices** de l'innovation existentielle sont un **sentiment de sens et de but profond** : vivre en alignement avec vos valeurs procure une satisfaction durable et un moteur puissant. Elle apporte une **joie et un épanouissement authentiques**, car la capacité à créer sa propre vie est une source inépuisable de joie et de bien-être. Vous ressentirez une **augmentation de l'énergie vitale** : lorsque la vie a du sens et que vous en êtes l'acteur, l'énergie et la motivation sont démultipliées. Enfin, vous gagnez en **autonomie et en liberté authentique** : vous vous sentez pleinement maître de vos choix et de votre direction, loin des contraintes passées. La vie n'est pas un script préécrit mais une toile vierge immense que vous avez le pouvoir de peindre. La créativité est le pinceau qui vous permet de transformer vos expériences passées en couleurs nouvelles et de concevoir une œuvre unique et magnifique : votre propre existence.

Exercice pratique : Ma Vision de Vie Idéale

Prenez une grande feuille de papier et des crayons de couleur, des feutres, ou des magazines si vous aimez les collages.

1. **Sans filtre, imaginez votre vie idéale** : Si toutes les barrières tombaient (peur, argent, jugement des autres), à quoi ressemblerait votre vie parfaite dans 1, 5, ou 10 ans ? Laissez votre imagination s'exprimer sans retenue.
2. **Dessinez ou collez** : Représentez cette vision de manière visuelle. Dessinez votre maison idéale, les relations que vous avez, le travail que vous faites, les loisirs que vous pratiquez, les émotions que vous ressentez. Ne vous souciez pas du réalisme ou du talent artistique ; l'important est l'expression de votre vision.
3. **Écrivez des mots clés** : Autour de vos dessins, écrivez des mots qui symbolisent les sensations et les valeurs de cette vie rêvée (ex : "Liberté", "Paix", "Abondance", "Amour", "Créativité", "Aventure"). Ces mots ancrent votre vision.
4. **Affichez-le** : Mettez cette "vision board" ou ce dessin dans un endroit où vous pouvez le voir régulièrement. Cela servira de rappel constant de votre direction.

L'objectif de cet exercice est de libérer la créativité pour visualiser et planifier une vie en accord avec vos désirs profonds et authentiques. Cet exercice de visualisation puissant pousse votre cerveau à chercher des opportunités pour concrétiser cette vision. Il vous donne une direction claire et une motivation intrinsèque, transformant l'abstrait en concret et vous aidant à devenir le créateur conscient de votre propre existence.

6.4 La Créativité comme Jeu : Retrouver la Spontanéité et la Joie

Après le travail sur la réparation, les relations et la construction d'une vie pleine de sens, il est essentiel de réintégrer une dimension souvent perdue dans l'âge adulte, surtout après des épreuves : celle du jeu. La créativité, dans son essence la plus pure, est intrinsèquement liée à la spontanéité, à l'expérimentation et à la joie désintéressée. Retrouver cette dimension ludique est une manière puissante de défaire les tensions accumulées, de briser les rigidités et de vous reconnecter à l'enfant intérieur, source de vitalité et d'émerveillement.

Pourquoi le jeu est-il si crucial pour la créativité et le bien-être ? Il est crucial parce qu'il permet la **libération des attentes et du jugement**. Enfant, nous créons sans nous soucier du résultat ou du jugement des autres. Le jeu nous ramène à cet état de liberté, où l'expérimentation prime sur la performance. Cela permet de désamorcer le perfectionnisme paralysant qui peut freiner l'expression créative. Imaginons le cas de Gwendoline, qui, enfant, adorait chanter mais a arrêté à cause des moqueries. Retrouver le plaisir de chanter sous la douche, sans aucune attente de perfection, est un acte de jeu qui lui permet de renouer avec une joie simple et de libérer une part d'elle-même.

Le jeu favorise la **réduction du stress et des tensions**. C'est une activité intrinsèquement anti-stress qui permet de relâcher la pression, de rire, de s'amuser et de s'évader du mental, offrant une pause bienvenue aux ruminations et aux soucis. C'est une forme active de relaxation.

Il stimule la **curiosité et l'exploration**. Le jeu nous pousse à essayer de nouvelles choses, à faire des associations inattendues et à voir le monde sous un angle frais et nouveau, nourrissant ainsi notre capacité à innover dans tous les domaines de notre vie. Prenons l'exemple de Frédéric, qui, pour se détendre après une journée stressante, a commencé à construire des maquettes de Lego sans instructions, juste pour le plaisir d'assembler des formes. Cette activité ludique et spontanée a réveillé sa curiosité et sa capacité à résoudre des problèmes de manière créative.

Le jeu est un moyen direct de **reconnexion à l'enfant intérieur**. L'enfant intérieur est souvent la partie de nous qui a été blessée et qui a cessé de jouer par protection. Le jeu est un moyen direct de le rassurer, de le nourrir et de lui redonner sa place, favorisant ainsi une guérison plus profonde et une vitalité retrouvée. Considérons le parcours de Stéphane, qui s'est rendu compte qu'il n'avait plus ri de bon cœur depuis des années. Il a commencé à regarder des dessins animés de son enfance, à jouer à des jeux de société avec des amis sans objectif de gagner, juste pour le plaisir du partage. Cela l'a aidé à débloquer des émotions et à retrouver une légèreté perdue.

Enfin, il permet le **développement de la flexibilité mentale**. Le jeu nous apprend à être moins rigide, à nous adapter, à improviser et à ne pas toujours suivre un plan. Cette flexibilité se transpose ensuite dans notre capacité à gérer les imprévus de la vie avec plus d'aisance.

Pour intégrer le jeu dans votre pratique créative, il faut d'abord **désacraliser la créativité**. Oubliez l'idée de faire de l'art ou de produire un chef-d'œuvre. Concentrez-vous sur le processus, l'exploration et le plaisir. Fixez des "**rendez-vous de jeu**" en planifiant des moments dans votre semaine dédiés à des activités purement ludiques et créatives, sans pression de résultat. **Explorez des formes de jeu variées** : cela peut être dessiner, gribouiller, danser, chanter, jouer d'un instrument, faire des blagues, inventer des histoires, construire des choses, ou même jouer à des jeux de société ou des jeux vidéo pour le simple plaisir.

Osez l'**imperfection** en acceptant les ratés comme faisant partie du jeu. Il n'y a pas d'erreurs, seulement des explorations inattendues.

Enfin, **partagez la joie** : jouer et créer avec d'autres peut amplifier la joie et la spontanéité, renforçant les liens sociaux et la légèreté.

Les **bénéfices** du jeu et de la spontanéité créative sont une **réduction significative de la pression et du stress**, une **augmentation de la joie, de la légèreté et de l'humeur**, un **développement de la curiosité et de l'envie d'apprendre**, un **renforcement de la capacité d'adaptation et de l'improvisation**, et une **reconnexion à une vitalité fondamentale et à l'authenticité de l'enfant intérieur**. Le jeu est un puissant antidote à la gravité de la vie, un rappel constant que la joie et la spontanéité sont des composantes essentielles de votre bien-être et de votre épanouissement. En osant jouer, vous permettez à votre force créatrice de s'exprimer librement, renouvelant ainsi votre énergie vitale.

Exercice pratique : Mon Défi de Spontanéité Créative

Choisissez une activité créative simple et proposez-vous un défi de spontanéité pour les prochains jours.

1. **L'activité choisie** : (Ex : "Dessiner", "Écrire", "Chanter", "Danser", "Gribouiller", "Cuisiner de manière improvisée").
2. **La règle du jeu (anti-perfectionnisme)** : Pour une durée définie (ex : 5-10 minutes par jour), engagez-vous à pratiquer cette activité sans aucune attente de résultat, sans jugement, et sans préparation. Le but est la spontanéité pure.
    - Ex : Si vous dessinez, ne réfléchissez pas à ce que vous allez dessiner, laissez votre main bouger seule.
    - Ex : Si vous écrivez, commencez par le premier mot qui vous vient et continuez sans vous arrêter.
    - Ex : Si vous chantez, mettez une musique et chantez n'importe comment, juste pour le plaisir de la voix.
3. **Mon expérience** : Après chaque session, prenez une minute pour noter simplement ce que vous avez ressenti pendant l'activité. Y a-t-il eu un moment de joie, de lâcher-prise, de légèreté ?

L'objectif de cet exercice est de déverrouiller la spontanéité créative et de retrouver la joie désintéressée du jeu, en contournant le perfectionnisme et le jugement. Cet exercice vous permet de vous reconnecter à votre capacité innée à créer sans pression. Il réduit l'auto-critique et augmente votre tolérance à l'imperfection, ouvrant la voie à une exploration plus joyeuse et fluide de votre potentiel créatif.

6.5 La Créativité comme Aliment de l'Âme : Nourrir son Être Profond

Au-delà de ses fonctions de réparation et de construction, la créativité est aussi un puissant aliment pour l'âme. Elle nourrit votre être profond, vous connecte à votre essence et vous permet de transcender le quotidien pour toucher à quelque chose de plus grand, de plus inspirant. Dans un monde souvent axé sur la productivité et la consommation, la créativité offre un espace de régénération, de ressourcement et de reconnexion spirituelle, essentielle pour une vie équilibrée et pleine de sens.

Pourquoi la créativité nourrit-elle l'âme ? Elle permet une **connexion à son essence**. Créer, c'est se brancher sur une source intérieure d'inspiration, d'intuition et d'expression authentique. C'est un dialogue avec votre moi profond, qui révèle vos vérités intérieures et vos désirs les plus chers. Imaginons le cas de Sally, qui a commencé à écrire des poèmes spontanément. Elle découvre que, sans même le vouloir, ses mots reflètent des pensées et des émotions profondes qu'elle ne savait pas exprimer autrement. Cette écriture devient un miroir de son âme, lui permettant de mieux se comprendre.

Vous pouvez aussi faire l'**expérience du "flow"**. Lorsque vous êtes plongé dans une activité créative qui vous passionne, vous pouvez expérimenter le concept de "flow" (flux) : un état de concentration intense où le temps semble disparaître, où l'ego s'efface et où vous êtes en parfaite harmonie avec l'activité. Cet état est profondément régénérateur et procure un sentiment de plénitude. Prenons l'exemple de Bernard, qui passe des heures à sculpter le bois. Dans ces moments, il oublie ses soucis, le temps n'existe plus. Il se sent totalement absorbé et profondément vivant, une sensation qui le nourrit bien au-delà de l'objet final.

La créativité est un **apport de beauté et de sens**. Créer, c'est aussi apporter de la beauté dans le monde, qu'il s'agisse d'une toile, d'un plat cuisiné avec amour, d'un jardin bien entretenu ou d'une solution élégante à un problème. Ce processus d'embellissement et de donner du sens à travers l'expression nourrit l'esprit.

Elle permet la **transformation de l'ombre en lumière**. La créativité permet de transmuter les émotions difficiles, les souvenirs douloureux ou les expériences sombres en quelque chose de beau, de compréhensible ou de porteur de message. C'est une alchimie de l'âme, transformant le plomb en or. Considérons le parcours de René, qui a commencé à composer de la musique après une période de deuil. Ses mélodies, bien que parfois mélancoliques, lui ont permis de transformer sa tristesse en une expression artistique qui touche les autres, apportant un sens nouveau à sa souffrance.

Enfin, elle aide à **cultiver la présence et l'émerveillement**. Les activités créatives vous ancrent dans le moment présent, vous invitant à observer, ressentir et interagir avec votre environnement de manière plus attentive. Cette présence développe un sens de l'émerveillement face aux détails et à la richesse du monde.

Pour intégrer la créativité comme aliment de l'âme, il est important de **choisir des activités alignées avec vos valeurs**. Optez pour des formes de créativité qui résonnent profondément avec qui vous êtes et ce qui vous importe.

Créez pour le plaisir, pas pour la performance : l'objectif est la nourriture de l'âme, non la reconnaissance extérieure. Libérez-vous de la pression du résultat. **Intégrez la pleine conscience** : soyez pleinement présent à l'acte de création, aux sensations, aux couleurs, aux sons. Laissez-vous absorber par le processus. **Honorez votre espace créatif** : dédiez un petit coin, un moment précis, un carnet ou un outil à votre pratique créative, comme un rituel sacré pour l'âme. Enfin, **variez les formes** : ne vous limitez pas à une seule forme de créativité. Explorez la musique, la cuisine, le jardinage, la danse, l'écriture, le bricolage... chaque forme nourrit différemment.

Les **bénéfices** de la créativité comme aliment de l'âme sont une **profonde satisfaction intérieure**, un sentiment de plénitude et d'alignement avec soi-même. Elle procure un **ancrage spirituel**, une connexion renouvelée à un sens plus vaste de l'existence. Vous bénéficiez d'une **régénération émotionnelle et mentale**, une source de repos et de revitalisation. Vous ressentez un **accroissement de la joie de vivre**, un sentiment d'émerveillement et de vitalité qui enrichit le quotidien. Et enfin, elle est un chemin vers l'**authenticité**, une expression de votre véritable moi, sans artifice. La créativité n'est donc pas seulement un moyen de faire, mais une manière d'être. Elle est la nourriture essentielle qui permet à votre âme de s'épanouir, de rayonner et de trouver sa pleine expression dans le monde, vous guidant vers une vie profondément enrichissante et authentique.

Exercice pratique : Ma Recette Créative pour l'Âme

Identifiez une activité créative que vous pouvez pratiquer régulièrement, dans l'unique but de nourrir votre être profond, sans aucune pression de résultat ou de jugement.

1. **L'activité choisie** : Quelle est cette activité qui vous attire le plus en ce moment pour nourrir votre âme ? (Ex : "Dessiner des mandalas", "Cuisiner une nouvelle recette intuitivement", "Écrire dans un journal sans but précis", "Jouer d'un instrument pour moi-même", "Jardiner", "Prendre des photos de la nature").
2. **Mon intention** : Clarifiez votre intention pour cette activité : "Je fais cela pour me connecter à moi-même, pour me ressourcer, pour ressentir du plaisir, ou pour me vider l'esprit."
3. **Le moment et le lieu sacré** : Déterminez un moment régulier et un espace (même petit) où vous pourrez vous consacrer à cette activité sans interruption. (Ex : "Tous les soirs pendant 15 minutes avant de dormir", "Le samedi matin dans mon coin lecture", "Dans la nature pendant ma pause déjeuner").
4. **Mon geste d'ancrage** : Quel petit geste ou rituel pouvez-vous faire avant de commencer pour vous ancrer dans le moment présent et activer cette intention ? (Ex : "Allumer une bougie", "Prendre trois respirations profondes", "Mettre une musique douce", "Faire une courte méditation").

L'objectif de cet exercice est d'intégrer une pratique créative régulière et intentionnelle pour nourrir votre bien-être intérieur. En dédiant consciemment du temps à cette "nourriture de l'âme", vous cultiverez un sentiment de paix, de joie et de connexion à votre essence. Cela augmentera votre énergie vitale et votre capacité à vivre une vie plus alignée et épanouissante, au-delà des défis du quotidien.

6.6 La Créativité et l'Héritage Positif : Cultiver un Monde Nouveau

Après avoir exploré la créativité comme force de réparation, d'innovation relationnelle, de transformation existentielle et de jeu, nous arrivons à un point essentiel : la capacité de la créativité à façonner un héritage positif. Il ne s'agit plus seulement de se guérir soi-même, mais d'utiliser cette énergie créatrice retrouvée pour contribuer au monde, pour semer des graines de beauté, d'innovation et d'inspiration qui dépassent votre propre existence. C'est le passage de la reconstruction personnelle à la contribution collective.

Pourquoi la créativité mène-t-elle à un héritage positif ? D'abord, elle permet la **transmutation de l'expérience**. Les leçons tirées des épreuves et le chemin de guérison deviennent une matière première. Votre expérience, une fois transformée par le pardon et la créativité, peut devenir une source de sagesse et de guidance pour d'autres. Imaginons le cas de Géraldine, qui, après avoir guéri de ses blessures, a commencé à partager son parcours dans des ateliers d'écriture créative. Sa propre histoire, exprimée avec authenticité, devient un catalyseur pour d'autres personnes, leur montrant que la guérison est possible et qu'ils peuvent, eux aussi, transformer leur récit.

Ensuite, elle est source d'**inspiration et d'encouragement**. Votre courage et votre capacité à vous réinventer par la créativité peuvent inspirer votre entourage, vos enfants, vos collègues ou même des inconnus. Vous devenez un modèle de résilience et d'innovation. Prenons l'exemple de François, qui, après s'être découvert une passion pour la sculpture, expose ses œuvres qui expriment la transformation de la douleur en beauté. Ses créations, sans même un mot, touchent les spectateurs et leur transmettent un message d'espoir et de persévérance.

La créativité conduit à une **contribution à la communauté**. Elle peut être mise au service du bien commun. Que ce soit par l'art engagé, l'innovation sociale, le bénévolat créatif ou la transmission de savoir-faire, vous pouvez laisser une empreinte positive et tangible dans votre environnement. Comme Xavier, qui a appliqué sa pensée créative pour concevoir des solutions innovantes à des problèmes de quartier, comme la création d'un jardin partagé ou la mise en place d'un système d'échange de services. Son ingéniosité crée des liens et améliore la vie locale.

Elle permet de **rompre les cycles négatifs**. En transformant votre propre héritage de douleur en un héritage de sagesse et de créativité, vous rompez les cycles de souffrance qui auraient pu se transmettre. Vous semez des graines différentes pour les générations futures, ou pour les personnes avec qui vous interagissez. Enfin, elle procure un **sens de plénitude et d'accomplissement**. Contribuer au-delà de soi-même, laisser quelque chose de durable et de positif, procure un sentiment profond de plénitude, d'accomplissement et de sens à la vie. C'est la reconnaissance que votre parcours a une valeur qui va au-delà de votre simple existence.

Pour cultiver cet héritage positif par la créativité, **identifiez vos dons uniques**. Réfléchissez à ce que vous faites avec facilité et plaisir, à vos passions, à ce que vous avez appris de vos expériences. Comment cela peut-il servir ? **Pensez au-delà de vous-même** : comment votre créativité pourrait-elle bénéficier à votre famille, vos amis, votre communauté, ou même au monde à plus grande échelle ? **Passez à l'action, même petite** : un héritage se construit pas à pas. Chaque petite contribution créative, chaque acte d'inspiration partagé, compte. **Acceptez d'être un catalyseur** : vous n'avez pas besoin de changer le monde entier. Le simple fait d'inspirer une seule personne, ou de créer un espace de beauté, est déjà un héritage puissant.

Et enfin, **lâchez prise du résultat** : concentrez-vous sur l'intention et le processus de contribution. L'impact de votre héritage se déploiera parfois de manière inattendue.

Les **bénéfices** de la créativité pour un héritage positif sont un **sentiment de contribution et de sens élevé**, **l'épanouissement personnel par le don de soi**, la **création de liens profonds et significatifs**, **l'inspiration et la transformation des autres**, et la **reconnaissance d'une vie vécue pleinement et avec intention**.

La créativité, dans son apogée, vous permet de dépasser la simple survie pour embrasser une vie de signification et de contribution. Elle vous offre le pinceau pour peindre non seulement votre propre chemin, mais aussi une parcelle du monde, laissant derrière vous un héritage de lumière, d'innovation et d'amour.

Exercice pratique : Mon Geste Créatif pour le Monde

Réfléchissez à une manière, même petite, d'utiliser votre énergie créative pour contribuer positivement à votre entourage ou au monde, en lien avec une sagesse que vous avez acquise.

1. **Ma sagesse / Mon don** : Quelle est une leçon que vous avez apprise de votre parcours de guérison, ou un talent/une passion que vous avez développé(e) ? (Ex : "Ma capacité d'écoute", "Ma persévérance", "Mon habileté à organiser", "Mon amour pour les plantes", "Mon humour").
2. **Le besoin que je vois autour de moi** : Quel est un petit besoin dans votre entourage (famille, amis, quartier, association) auquel vous pourriez répondre avec ce don ? (Ex : "Des personnes isolées", "Un espace triste à égayer", "Un manque de communication", "Un besoin de rire").
3. **Mon geste créatif** : Comment pouvez-vous utiliser votre don créatif pour répondre à ce besoin ?
    - Ex : Si c'est "ma capacité d'écoute" et "des personnes isolées" : "Je vais proposer un café et une conversation ouverte à une personne âgée de mon quartier."
    - Ex : Si c'est "mon amour pour les plantes" et "un espace triste" : "Je vais offrir une petite plante en pot à un collègue qui a un bureau terne."
    - Ex : Si c'est "mon humour" et "un besoin de rire" : "Je vais partager une blague drôle ou une anecdote amusante avec un ami qui traverse une période difficile."

4. **L'intention** : Quel est le but derrière ce geste, au-delà du simple acte ? (Ex : "Apporter de la joie", "Créer du lien", "Partager l'espoir").

L'objectif de cet exercice est de transformer l'énergie créative en un acte de contribution, générant un héritage positif. En vous engageant dans un tel geste, vous expérimentez la puissance de votre créativité au service des autres. Cela renforce votre sentiment de sens, de connexion et d'accomplissement, prouvant que votre parcours a une valeur qui rayonne bien au-delà de vous-même.

6.7 La Créativité comme Alchimie : Transformer les Ombres en Or Lumineux

Nous avons vu comment la créativité répare, innove, et nourrit l'âme. Mais à son niveau le plus profond, la créativité est un processus d'alchimie. C'est l'art de prendre la matière première de vos expériences les plus sombres – les blessures, les peurs, les deuils, les échecs – et de les transmuter en quelque chose de précieux, de lumineux, d'éclairant. Ce n'est pas nier la douleur, mais la traverser consciemment pour en extraire l'essence la plus pure, créant ainsi un or intérieur qui non seulement vous enrichit, mais peut aussi éclairer le chemin des autres. C'est l'étape ultime de la transformation, où la souffrance devient source de lumière.

Pourquoi la créativité est-elle une alchimie ? D'abord, elle agit comme le **creuset de l'émotion**. Les émotions intenses, même les plus douloureuses comme la rage, la tristesse ou la honte, sont une formidable énergie créative. Plutôt que de les refouler ou de les laisser vous consumer, l'alchimie créative vous invite à les plonger dans un "creuset", à les observer sans jugement, et à les laisser s'exprimer. C'est dans cette confrontation que la transformation commence. Imaginons le cas de Dorothée, submergée par une colère sourde issue de l'injustice passée. Au lieu de la laisser exploser ou se retourner contre elle, elle prend un grand drap et des peintures. Elle y jette sa rage, ses couleurs, ses gestes désordonnés. Le résultat n'est peut-être pas "beau", mais la toile est une preuve que l'émotion a été contenue, exprimée, et transformée en une forme extérieure, libérant son système nerveux.

Ensuite, elle est une **recherche de sens**. L'alchimie est la quête de la pierre philosophale, la sagesse ultime. Sur le plan créatif, il s'agit de trouver un sens, une beauté ou une leçon là où vous ne voyiez que chaos et destruction. C'est le processus par lequel le récit de victime se mue en épopée de résilience. Prenons l'exemple de Slimane, qui, après avoir perdu un être cher, se sentait vide. Il a commencé à écrire des lettres à cette personne, décrivant ses souvenirs, ses regrets, mais aussi les qualités qu'il admirait et les leçons que cette relation lui avait laissées. Ces lettres, jamais envoyées, sont devenues un recueil qui, lentement, a transformé son deuil en un hommage précieux, une forme d'or mémoriel.

La créativité permet la **création de nouvelles réalités**. L'alchimiste ne se contente pas de comprendre le monde, il cherche à le transformer. De même, la créativité alchimique ne se contente pas d'exprimer ce qui est, elle construit activement ce qui pourrait être. Elle prend les fragments brisés du passé et les réassemble en une nouvelle mosaïque, plus riche et plus colorée. Considérons le parcours d'Éric, qui avait hérité d'un jardin familial abandonné, symbole de son propre sentiment d'oubli. Avec une intention créative, il a commencé à le transformer, plante après plante, pierre après pierre. Chaque aménagement était un acte symbolique de guérison et de reconstruction, faisant de ce jardin un lieu de beauté et de paix, un or vert créé de ses propres mains.

Enfin, elle est un **chemin vers la lumière intérieure**. Cette alchimie créative révèle une lumière présente même dans les profondeurs de l'ombre. Elle nous apprend que la force, la sagesse et la beauté peuvent émerger des endroits les plus inattendus, une fois que l'on ose les regarder et les travailler.

Pour activer cette alchimie créative, **plongez consciemment dans les émotions difficiles**. Plutôt que de les fuir, donnez-leur un espace d'expression sécurisé (écriture, dessin, mouvement) sans jugement. **Cherchez la beauté dans les fêlures**. Observez vos cicatrices, vos échecs, vos deuils. Quelle est la force, la sagesse ou l'empathie que vous en avez tirées ? Comment pouvez-vous les symboliser ? **Expérimentez la transformation**. Ne vous attachez pas à l'idée du résultat parfait. Laissez le processus créatif vous guider, comme un courant qui emporte les impuretés pour laisser apparaître l'éclat.

Enfin, **voyez-vous comme un artiste de votre vie**. Chaque défi est une matière première. Chaque choix est un coup de pinceau. Chaque jour est une nouvelle toile.

Les **bénéfices** de la créativité alchimique sont une **libération émotionnelle profonde et durable**, un **sentiment de puissance et de maîtrise sur son histoire**, la **transformation de la souffrance en sagesse et en compassion**, la **découverte d'une lumière intérieure inépuisable**, et la **capacité à inspirer les autres** par votre propre exemple de transmutation. La créativité, en tant qu'alchimie, est la promesse que même le passé le plus lourd peut être raffiné, non pas effacé, mais transformé en un précieux héritage. C'est l'invitation à devenir le magicien de votre propre vie, capable de changer le plomb en or, et de faire de chaque blessure une source de lumière.

Exercice pratique : L'Œuvre Alchimique de mon Ombre

Choisissez une émotion difficile, un souvenir douloureux, ou un aspect de vous-même que vous considérez comme une "ombre".

1. **L'ombre à transmuter** : Nommez l'émotion, le souvenir ou l'aspect de vous-même que vous souhaitez explorer. (Ex : "Ma peur du rejet", "Un souvenir de honte", "Ma tendance à la colère").
2. **Mon expression créative** : Choisissez une forme d'expression créative pour donner forme à cette ombre. (Ex : "Dessiner une créature qui représente cette peur", "Écrire un monologue de l'émotion de la honte", "Composer une mélodie qui incarne ma colère", "Sculpter une forme abstraite de cette douleur"). Laissez votre intuition vous guider vers la forme la plus juste.
3. **Le processus de transformation** : Pendant que vous créez, ne jugez pas. Laissez l'émotion se déverser dans votre œuvre. Ensuite, observez ce que vous avez créé.
   - Question à se poser : Que se passe-t-il si j'ajoute une touche de lumière ? Si je change une couleur ? Si je modifie une note ? Comment puis-je y insuffler un élément de résilience, de sagesse, de paix ?
   - Exemple : Si c'est le dessin d'une créature de la peur, vous pourriez ensuite lui ajouter des ailes symbolisant la liberté, ou la dessiner se dissipant dans la lumière.
4. **La conclusion** : Qu'avez-vous appris ou ressenti en donnant forme et en transformant cette ombre ?

Conservez cette œuvre comme un témoignage de votre capacité alchimique.

L'objectif de cet exercice est d'utiliser la créativité comme un outil d'alchimie émotionnelle, pour transformer les énergies sombres en formes d'expression et de sagesse. Cet exercice vous permet de libérer des émotions profondes, de trouver un sens et une beauté dans des expériences difficiles, et de renforcer votre conviction en votre capacité à transmuter le passé. C'est une pratique puissante pour créer une lumière intérieure à partir de vos propres ombres.

Chapitre 7 : La Liberté Retrouvée : Vivre Pleinement en Conscience

Après un long cheminement à travers les profondeurs de l'enfance, les turbulences de l'adolescence, les moments de stase et les tournants bénéfiques du pardon et de la créativité, l'objectif ultime est la liberté retrouvée. Il ne s'agit pas d'une absence totale de problèmes ou d'une vie sans défis, mais d'une capacité à vivre pleinement, en pleine conscience, en étant ancré dans le présent et en faisant des choix alignés avec votre être authentique. Cette liberté est le fruit d'une intégration profonde des apprentissages passés, une danse subtile entre la conscience de vos blessures et la joie de votre résilience. Ce chapitre explorera comment maintenir cette liberté, en cultivant la gratitude, l'acceptation de l'imperfection et l'engagement dans une vie qui a du sens.

7.1 L'Acceptation de l'Imperfection : S'Affranchir du Poids de la Perfection

L'un des plus grands fardeaux hérités d'une enfance où vous avez pu vous sentir "pas assez" ou constamment jugé est la quête incessante de la **perfection**. Cette quête, souvent inconsciente, est une stratégie d'adaptation visant à éviter la critique, à obtenir l'approbation, ou à compenser un sentiment d'indignité profond. Mais la perfection est une illusion épuisante. La liberté retrouvée passe inévitablement par l'acceptation de l'imperfection, la vôtre et celle du monde qui vous entoure.

Pourquoi le perfectionnisme est-il un piège ? C'est une **source d'anxiété chronique** : chercher la perfection génère un stress constant, une peur paralysante de l'échec et une insatisfaction permanente. Vous ne vous sentez jamais "assez bien". Il mène généralement à la **paralysie et à la procrastination** : la peur de ne pas être parfait peut vous empêcher d'agir, de créer ou même de commencer de nouvelles choses, vous laissant dans un état d'inaction frustrant. Le perfectionnisme peut entraîner des **relations tendues** : il peut vous rendre excessivement exigeant envers les autres, ou au contraire, vous pousser à cacher vos faiblesses, empêchant ainsi l'établissement de liens authentiques et profonds. C'est également une source d'**épuisement** : l'énergie mentale et émotionnelle dépensée à tenter d'atteindre des standards irréalistes est colossale, menant à la fatigue et au burn-out. Enfin, il alimente une **autocritique sévère** : chaque échec ou imperfection est vécu comme une preuve accablante de votre insuffisance, alimentant un cycle vicieux d'auto-dévalorisation et de dépréciation.

Le chemin vers l'acceptation de l'imperfection passe par plusieurs étapes. Il est important de **distinguer l'excellence du perfectionnisme** : viser l'excellence est sain et constructif ; c'est chercher à faire de votre mieux avec les ressources disponibles. Le perfectionnisme, lui, vise un idéal irréaliste, souvent dicté par la peur, la culpabilité ou le besoin d'approbation extérieure.

Il est essentiel de **cultiver l'auto-compassion** : traitez-vous avec la même bienveillance, la même compréhension et la même patience que vous offririez à un ami cher. Reconnaissez votre humanité, vos limites et le fait que les erreurs sont non seulement inévitables, mais aussi de formidables opportunités d'apprentissage. Comprenez que la **vulnérabilité est une force** : osez montrer vos faiblesses, partager vos doutes et vos difficultés avec des personnes de confiance. C'est paradoxalement ce qui crée les liens les plus profonds, les plus authentiques et vous rend plus humain, plus accessible.

Il faut **changer de perspective face à l'échec** : chaque erreur n'est pas un échec définitif, mais une opportunité d'apprentissage. Demandez-vous : "Qu'est-ce que cette expérience m'apprend sur moi ou sur la situation ? Comment puis-je faire différemment ou mieux la prochaine fois ?".

Apprenez à **pratiquer le "suffisamment bon"** : acceptez que "suffisamment bon" est souvent bien suffisant et qu'il est préférable d'agir imparfaitement que d'attendre une perfection illusoire pour ne rien faire du tout. L'action imparfaite vaut mieux que l'inaction parfaite. Enfin, **détachez-vous du regard des autres** : le perfectionnisme est souvent alimenté par une peur profonde du jugement d'autrui. Plus vous vous acceptez inconditionnellement, moins le regard extérieur aura de pouvoir sur votre paix intérieure.

Les **bénéfices** de l'acceptation de l'imperfection sont nombreux : vous ressentez **moins de stress et plus de sérénité**, libéré de la pression constante de la perfection. Vous développez une **meilleure estime de soi**, en embrassant vos qualités et vos défauts comme des facettes uniques de votre être. Vos **relations deviennent plus authentiques** : en osant être vous-même, avec vos imperfections, vous invitez les autres à faire de même, créant des liens basés sur la vérité et la vulnérabilité partagée. Vous gagnez en **créativité et en capacité d'action**, car la peur de l'échec diminue considérablement.

Enfin, vous vivez une **vie plus simple et plus joyeuse**, avec moins de complications inutiles, plus de spontanéité et de plaisir dans les petites choses du quotidien. L'acceptation de l'imperfection est un acte de rébellion courageux contre les conditionnements passés. C'est une affirmation puissante de votre droit inaliénable à être humain, avec vos faiblesses, et à être aimé malgré tout. C'est une clé essentielle pour une paix intérieure durable et une liberté retrouvée.

Exercice pratique : La Routine de l'Imparfait Génial

Choisissez un domaine de votre vie où le perfectionnisme vous paralyse le plus (travail, relations, créativité, organisation personnelle, hygiène, etc.).

1. **Identifiez une tâche simple** : Choisissez une toute petite tâche dans ce domaine, une qui vous semble souvent devoir être absolument "parfaite" avant d'être achevée.
2. **Fixez un objectif "suffisamment bon"** : Avant de commencer, décidez consciemment d'un niveau qui sera "suffisamment bon", et non "parfait".
   - Par exemple : "Je vais écrire cet e-mail en 10 minutes maximum, sans le relire plus d'une fois."
   - Ou encore : "Je vais faire mon lit sans chercher à éliminer le moindre pli."
   - Ou encore : "Je vais ranger cette pile de papiers en 5 minutes, sans classer chaque document parfaitement."
3. **Agissez et observez** : Réalisez la tâche avec l'intention ferme de ne pas viser la perfection. Pendant que vous agissez, observez l'anxiété qui pourrait monter, puis le sentiment de soulagement qui survient quand c'est "juste fait".
4. **Célébrez l'imperfection** : Félicitez-vous chaleureusement d'avoir accompli la tâche, même imparfaitement. Remarquez que le monde ne s'est pas écroulé, que l'action a été menée à bien et que la vie continue.

L'objectif de cet exercice est de déprogrammer le perfectionnisme en expérimentant concrètement l'action imparfaite et en observant ses bénéfices directs et immédiats. Chaque petite victoire sur le perfectionnisme renforce votre capacité à lâcher prise et à agir. Vous apprenez que la valeur ne réside pas dans l'absence d'erreurs, mais dans l'action elle-même, dans l'apprentissage qui en découle et dans l'authenticité de votre démarche. Cela ouvre la voie à une plus grande liberté, une réduction significative du stress et une augmentation de votre bien-être général.

7.2 La Gratitude : Ancrer la Joie dans le Quotidien

Dans le parcours de guérison, il est facile de rester focalisé sur les blessures passées et les défis présents. Or, une fois la liberté retrouvée, il devient essentiel d'intégrer la **gratitude** comme une pratique quotidienne. La gratitude est une émotion puissante qui consiste à reconnaître et à apprécier les choses positives dans votre vie, qu'elles soient grandes ou petites. Elle n'est pas une forme de naïveté ou un déni de la souffrance, mais une discipline mentale qui réoriente votre attention vers l'abondance plutôt que vers le manque. C'est un puissant ancrage qui nourrit la joie, la résilience et le bien-être général.

Pourquoi la gratitude est-elle si transformatrice ? Elle entraîne un **changement de perspective** : votre cerveau a un biais de négativité, vous rendant plus attentif aux menaces et aux problèmes. La gratitude reprogramme le cerveau à rechercher le positif, même dans l'adversité, en élargissant votre champ de vision.

Elle participe à la **réduction du stress et de l'anxiété** : se concentrer sur ce que l'on apprécie diminue l'activité de l'amygdale (le centre de la peur dans le cerveau) et réduit les niveaux de cortisol, l'hormone du stress. Vous vous sentez plus calme et en sécurité. Elle mène à l'**amélioration de l'humeur** : la gratitude augmente les niveaux de dopamine et de sérotonine, des neurotransmetteurs directement liés au plaisir et au bien-être. Vous ressentez plus de joie et de contentement. Elle permet le **renforcement des relations** : exprimer sincèrement votre gratitude envers les autres renforce les liens sociaux, la confiance et l'empathie mutuelle, créant un cercle vertueux dans vos interactions.

C'est une **augmentation de la résilience** : les personnes reconnaissantes gèrent mieux le stress et les traumatismes, car elles peuvent activement trouver des aspects positifs et des opportunités de croissance même dans des situations difficiles. Enfin, elle favorise un **meilleur sommeil** : pratiquer la gratitude avant de dormir favorise un état d'esprit calme et serein, propice à un sommeil réparateur et profond.

Pour cultiver la gratitude au quotidien, vous pouvez utiliser le **journal de gratitude** : chaque soir, prenez un moment pour écrire 3 à 5 choses pour lesquelles vous êtes reconnaissant. Elles peuvent être très simples : un bon repas partagé, un sourire reçu, le chant d'un oiseau, un rayon de soleil sur votre visage, une conversation agréable, un moment de calme. La régularité de cette pratique est bien plus importante que la grandeur des événements que vous notez. La **méditation de gratitude** est également une bonne option : prenez quelques minutes pour méditer tranquillement sur les personnes, les lieux ou les expériences qui vous apportent de la joie. Sentez l'émotion de gratitude se diffuser et s'ancrer dans chaque partie de votre corps.

N'hésitez pas à **exprimer votre gratitude aux autres** : ne gardez pas votre gratitude pour vous. Dites merci sincèrement. Écrivez une note manuscrite, envoyez un message réfléchi, ou exprimez verbalement votre appréciation à quelqu'un. Le simple fait de l'exprimer renforce le sentiment en vous et chez l'autre.

Vous pouvez également faire une "**promenade de la gratitude**" : lorsque vous marchez (que ce soit dans un parc ou en ville), portez une attention particulière aux détails de votre environnement et trouvez des choses à apprécier : la beauté de la nature, l'architecture des bâtiments, un geste de gentillesse d'un passant, la propreté d'une rue.

Enfin, essayez de **transformer les défis en leçons de gratitude** : lorsque vous traversez une difficulté ou un obstacle, demandez-vous : "Qu'est-ce que cette situation, même si elle est difficile, m'apprend ? Quelle opportunité de croissance ou de résilience se cache à l'intérieur ?"

Les **bénéfices** de la gratitude sont nombreux. Un **ancrage dans le présent** : la gratitude vous ramène puissamment à l'instant présent, vous éloignant des ruminations du passé ou des inquiétudes pour le futur. Elle offre une **sensation d'abondance** : elle change fondamentalement votre perception de la vie, vous faisant passer d'une mentalité de manque à une mentalité d'abondance. Vous cultivez une **joie durable** qui ne dépend pas des circonstances extérieures, mais d'une attitude intérieure stable et profonde. La gratitude est une décision consciente de voir la beauté et la richesse de la vie, même au milieu des défis. C'est une compétence qui se développe et s'affine avec la pratique régulière et qui, une fois maîtrisée, devient une source intarissable de bien-être, de liberté et de plénitude.

Exercice pratique : Mon Réveil de Gratitude

Chaque matin, avant même de vous lever, ouvrez les yeux et prenez 2 minutes pour ancrer votre journée dans la gratitude.

1. **Nommez 3 choses simples** : Pensez à 3 choses spécifiques pour lesquelles vous êtes reconnaissant dans l'instant présent. Il peut s'agir de choses très basiques : "Le confort de mon lit douillet", "Le simple fait que je peux respirer sans effort", "Le son apaisant des oiseaux dehors", "L'eau courante et chaude", "Mon toit au-dessus de ma tête".
2. **Ressentez l'émotion** : Laissez le sentiment de gratitude se diffuser consciemment dans votre corps. Sentez la légèreté, la chaleur ou la paix qu'il procure. Prenez le temps de savourer cette sensation.
3. **L'intention pour la journée** : Fixez en vous l'intention claire de chercher consciemment les moments de gratitude tout au long de la journée qui débute. Dites-vous : "Aujourd'hui, je choisirai de voir le bon."

L'objectif de cet exercice est d'intégrer la gratitude comme une habitude quotidienne pour cultiver un état d'esprit positif et un sentiment de bien-être durable. Commencer la journée par la gratitude donne un ton résolument positif à tout ce qui suit. Cela vous aide à naviguer les défis avec plus de légèreté et à reconnaître la beauté et l'abondance qui vous entourent, renforçant ainsi votre liberté émotionnelle et votre joie de vivre.

7.3 L'Engagement Authentique : Vivre Aligné avec ses Valeurs et ses Désirs

La liberté retrouvée ne se manifeste pas seulement par l'absence de souffrance mais par un **engagement authentique** dans la vie. C'est la capacité de faire des choix conscients, alignés avec vos valeurs profondes et vos désirs véritables, plutôt que de réagir aux peurs du passé ou aux attentes extérieures. Cet engagement transforme radicalement votre existence, la faisant passer d'une simple survie à une vie vécue pleinement, avec un sens profond et une détermination inébranlable.

Qu'est-ce que l'engagement authentique ? C'est un processus dynamique et continu qui implique de **clarifier ses valeurs** : souvenez-vous de l'exercice du Chapitre 3. Quelles sont les valeurs fondamentales qui vous animent et vous guident au plus profond de vous ? Est-ce l'authenticité, la contribution, la liberté, l'amour, la créativité, la croissance, la paix, ou d'autres encore ? L'engagement authentique commence par une connaissance intime et inébranlable de ces piliers intérieurs. Il s'agit d'**écouter ses désirs profonds** : au-delà des "je devrais" ou "il faut" qui résonnent parfois, quels sont les désirs qui proviennent réellement de votre cœur, de votre intuition, de votre âme ? Qu'est-ce qui vous passionne véritablement et vous donne une énergie inépuisable ? Apprenez à distinguer la voix de l'ego de celle de votre être profond.

C'est aussi **passer à l'action consciente** : l'engagement n'est pas qu'une pensée ou une intention, c'est une action concrète et délibérée. C'est faire des choix tangibles qui reflètent vos valeurs et vos désirs, même si cela implique de sortir de votre zone de confort et d'affronter l'inconnu. Il faut

accepter la vulnérabilité : s'engager authentiquement signifie accepter d'être vulnérable. Lorsque vous agissez selon vos propres termes, en étant fidèle à vous-même, cela peut ne pas plaire à tout le monde. C'est accepter le risque d'être jugé ou de ne pas être compris, mais c'est aussi le chemin vers une authenticité libératrice. Enfin, il faut **ajuster et réaligner** : la vie est un cheminement dynamique, pas une ligne droite. L'engagement authentique implique d'être flexible, de réévaluer régulièrement vos choix et vos priorités, et de vous réaligner si nécessaire. C'est un dialogue constant avec vous-même et votre évolution.

Les défis de l'engagement authentique sont la **peur du jugement** (la peur d'être critiqué, rejeté ou incompris), la **peur de l'échec** (l'incertitude liée au fait de suivre son propre chemin), les **habitudes du passé** (la difficulté à rompre avec des schémas de survie bien ancrés), et le **doute de soi** (la difficulté à faire confiance à vos propres désirs après des années de dévalorisation).

Pour cultiver l'engagement authentique, commencez par de **petits pas courageux** : chaque petite victoire renforce votre confiance en vous. Continuez à **développer la conscience de soi** avec des pratiques d'introspection. Cherchez le **soutien** de personnes qui vous encouragent à être vous-même. **Célébrez les progrès** : reconnaissez chaque fois que vous agissez en accord avec vos valeurs. Enfin, **voyez les obstacles comme des opportunités** de renforcer votre engagement.

Les **bénéfices** de l'engagement authentique sont une **profonde satisfaction et un épanouissement**, une **augmentation de l'énergie vitale**, des **relations plus**

riches et plus profondes, un **sentiment de maîtrise** de votre destin, et une **paix intérieure durable** grâce à l'alignement entre qui vous êtes, ce que vous croyez et ce que vous faites. L'engagement authentique est la danse de la liberté. C'est un mouvement constant vers soi, une affirmation puissante de sa propre valeur et une création continue de sa vie, jour après jour. C'est la promesse d'une existence riche, non pas en fonction des attentes externes, mais en fonction de la profondeur de son propre cœur et de la clarté de son âme.

Exercice pratique : Mon Plan d'Action d'Engagement Authentique

Identifiez un domaine de votre vie où vous souhaitez vous engager plus authentiquement (par exemple : votre carrière, une relation amoureuse, votre bien-être personnel, votre développement créatif, un projet de vie).

1. **Ma valeur principale** : Quelle est la valeur fondamentale que je veux honorer et incarner dans ce domaine précis ? (Ex : "Liberté", "Connexion", "Créativité", "Service", "Apprentissage", "Intégrité").
2. **Mon désir profond** : Qu'est-ce que mon cœur désire vraiment et sincèrement dans ce domaine, sans les peurs ni les attentes externes qui pourraient le masquer ? Soyez précis et honnête avec vous-même.
3. **Le premier petit pas concret** : Quelle est la plus petite action, un pas simple et réaliste, que je peux faire cette semaine pour m'engager dans cette direction, en accord avec ma valeur et mon désir ?
   - Par exemple : "Faire une recherche préliminaire sur une nouvelle carrière qui m'attire."
   - Ou encore : "Dire à mon partenaire, avec amour et calme, ce dont j'ai vraiment besoin dans notre relation."
   - Ou encore : "Passer 30 minutes sans distraction sur un projet créatif qui me tient à cœur."
   - Ou encore : "Refuser poliment une invitation qui ne me plaît pas, pour honorer mon besoin de repos."

4. **Les obstacles potentiels** : Quelles peurs ou croyances limitantes pourraient tenter de m'empêcher d'agir ? Comment puis-je les aborder avec compassion et détermination (ex : "Je reconnais ma peur de l'échec, mais je choisis d'agir par curiosité") ?

L'objectif de cet exercice est de transformer les désirs et les valeurs en actions concrètes et mesurables pour vivre une vie plus authentique et plus alignée avec qui vous êtes. Cet exercice vous permet de sortir de la passivité et d'entrer dans l'action. Chaque petit pas d'engagement renforce votre confiance en votre capacité à créer la vie que vous désirez vraiment, vous libérant ainsi des chaînes du passé et vous ouvrant à une existence pleine de sens et de détermination.

7.4 La Vulnérabilité : La Porte vers la Connexion Authentique

Dans un monde où l'on nous apprend souvent à être forts et invulnérables, surtout après avoir vécu des blessures, la **vulnérabilité** peut sembler une faiblesse. Pourtant, c'est précisément le contraire. C'est en osant montrer votre authenticité, vos failles et vos besoins que vous accédez à une connexion authentique avec vous-même et avec les autres. La liberté retrouvée passe par le courage d'être pleinement soi, avec ses doutes et ses imperfections, et de laisser les autres vous voir tels que vous êtes réellement.

Pourquoi la vulnérabilité est une force : C'est un **catalyseur de connexion** : en partageant nos imperfections et nos histoires, nous permettons aux autres de se reconnaître en nous. La vulnérabilité crée un pont, une empathie profonde, et jette les bases de relations basées sur la confiance et la réciprocité, non sur une façade ou une image idéalisée. Elle construit des liens solides et durables. Elle est une **source de courage** : s'ouvrir, exprimer une peur, demander de l'aide, ou dire non alors que l'on a toujours dit oui demande un courage immense. Chaque acte de vulnérabilité est un muscle qui se renforce, augmentant votre confiance en votre capacité à gérer l'inconfort et à faire face à l'inconnu.

Elle offre une **libération du fardeau** : porter le masque de la perfection ou de l'indifférence est épuisant. En vous autorisant à être vulnérable, vous déposez un poids conséquent, libérant une quantité incroyable d'énergie pour vous concentrer sur ce qui compte vraiment, sur vos passions et votre bien-être. Elle mène au **développement de l'auto-compassion** : accepter sa propre vulnérabilité, c'est s'offrir la même gentillesse, la même compréhension et la même patience que l'on accorderait à quelqu'un d'autre. C'est reconnaître son humanité et ses limites avec amour, sans jugement.

Enfin, elle est l'**authenticité** : la vulnérabilité est l'expression la plus pure de l'authenticité. En étant vrai avec soi-même et avec les autres, vous construisez une vie qui est en accord profond avec vos valeurs, ce qui est une source immense de paix intérieure et de satisfaction durable.

Pour pratiquer la vulnérabilité au quotidien, commencez par **identifier vos peurs** : qu'est-ce qui vous empêche d'être vulnérable ? Reconnaître ces peurs est le tout premier pas vers leur dissolution. **Commencez petit** : choisissez une personne de confiance et partagez une petite imperfection, un doute, ou une émotion que vous avez l'habitude de cacher. Observez attentivement la réaction de l'autre et ce que cela génère en vous. Osez **demander de l'aide** : c'est un acte de vulnérabilité incroyablement puissant. Admettre que vous n'avez pas toutes les réponses, que vous ne pouvez pas tout faire seul, ou que vous avez besoin de soutien renforce non seulement vos liens, mais aussi votre humilité et votre force intérieure.

Apprenez à **exprimer vos besoins** : au lieu de vous attendre à ce que les autres devinent vos besoins, communiquez clairement vos besoins et vos limites, même si cela vous semble inconfortable au début. C'est un acte d'auto-respect. Enfin, **lâchez le contrôle de l'image** : acceptez que vous ne puissiez pas contrôler ce que les autres pensent de vous. Votre travail est d'être authentique et sincère, pas parfait ou sans défaut. La libération vient de l'intérieur.

La vulnérabilité est la porte d'entrée vers une vie riche de sens et de relations profondes. Elle vous apprend que votre valeur ne réside pas dans votre capacité à ne pas ressentir de douleur ou à éviter les blessures, mais dans votre courage à les embrasser et à les partager. C'est un acte de liberté radicale qui vous permet de vous défaire des armures construites dans l'enfance et d'expérimenter la joie d'être vraiment vu, compris et aimé pour qui vous êtes, dans votre entièreté.

Exercice pratique : Mon Acte de Vulnérabilité du Jour

Choisissez une situation ou une relation dans laquelle vous souhaitez pratiquer la vulnérabilité cette semaine.

1. **La Situation** : Décrivez brièvement la situation ou la relation en question. Qu'est-ce que vous avez tendance à cacher, à retenir, ou à ne pas exprimer habituellement dans ce contexte ?
2. **Le Petit pas de vulnérabilité** : Identifiez un tout petit acte de vulnérabilité que vous pouvez poser, un pas mesuré mais significatif pour vous.
    - Par exemple : Partager un doute ou une incertitude que vous ressentez à propos d'une décision.
    - Ou encore : Demander de l'aide pour quelque chose de simple, même si vous pensez pouvoir le faire seul.
    - Ou encore : Exprimer une émotion (tristesse, peur, joie intense) que vous avez tendance à masquer habituellement.
    - Ou encore : Admettre une erreur ou une imperfection mineure que vous avez commise, sans chercher à vous justifier.
3. **L'intention** : Quelle est votre intention profonde derrière cet acte de vulnérabilité ? (Ex : "Me sentir plus léger", "Renforcer un lien de confiance", "Être plus vrai et authentique avec moi-même et les autres", "Me permettre d'être imparfait").
4. **L'observation** : Après avoir posé cet acte, prenez un moment pour observer ce que vous ressentez. Y a-t-il un sentiment de soulagement, de peur, de connexion, ou une autre émotion ? Notez-le sans jugement, juste avec curiosité.

L'objectif est d'expérimenter concrètement la puissance de la vulnérabilité pour renforcer l'authenticité et la connexion dans vos relations et avec vous-même. Chaque petit acte de vulnérabilité est une victoire contre les peurs passées et les vieux schémas. Il vous permet de briser progressivement les murs intérieurs que vous avez construits, de vous sentir plus libre, plus léger, et d'ouvrir la voie à des relations plus profondes, plus sincères et plus épanouissantes.

7.5 Le Deuil des Attentes non Réalisées : Libérer l'Énergie du Passé

La liberté retrouvée, paradoxalement, passe aussi par un processus de **deuil**. Non pas seulement le deuil des personnes aimées, mais le deuil des attentes non réalisées : les attentes d'une enfance différente, d'un parent parfait, d'une reconnaissance jamais reçue, ou d'une justice qui n'est jamais venue. Ces attentes, souvent inconscientes, peuvent vous maintenir prisonnier d'un passé idéalisé ou d'un futur fantasmé. Les lâcher, c'est libérer une énergie considérable et se permettre de vivre pleinement le présent.

Qu'est-ce que le deuil des attentes non réalisées ? C'est le processus d'acceptation que certaines choses ne se sont pas produites ou ne se produiront jamais comme vous l'auriez souhaité. Cela inclut l'**enfance "parfaite"** (le fantasme d'une enfance sans blessures), les **parents "idéaux"** (l'attente persistante que vos parents changent ou s'excusent), la **reconnaissance non reçue** (l'espoir secret d'être enfin vu ou validé), les **opportunités manquées** (les regrets liés à des chemins que vous n'avez pas pris), et le **soi idéal** (le deuil d'une version idéalisée de vous-même).

Pourquoi est-il essentiel de faire ce deuil ? C'est une **libération d'énergie** : s'accrocher à ces attentes non réalisées consomme une immense quantité d'énergie émotionnelle et mentale. Faire le deuil, c'est libérer cette énergie pour la consacrer au présent et à la construction d'un avenir choisi. C'est une **acceptation de la réalité** : ce deuil est une forme d'acceptation radicale de ce qui est et de ce qui a été, même si c'est profondément douloureux. Il permet de se détacher d'une version fantasmée de la réalité pour embrasser celle qui est. Cela entraîne **moins de**

ressentiment : en lâchant l'attente que les choses auraient dû être différentes, vous diminuez le ressentiment envers vous-même, les autres ou la vie en général. La paix remplace la colère ou la déception. Cela vous ouvre au **présent** : tant que vous êtes fixé sur ce qui n'a pas été, vous ne pouvez pas pleinement apprécier ce qui est là, ici et maintenant. Le deuil ouvre l'espace pour la gratitude et l'engagement authentique dans le présent. Enfin, il permet une **redéfinition de l'espoir** : l'espoir ne réside plus dans le changement du passé ou des autres, ce qui est hors de votre contrôle, mais dans votre propre capacité à créer un futur meilleur à partir de la réalité présente.

Pour aborder ce deuil, commencez par la **reconnaissance de la perte** : permettez-vous de ressentir pleinement la tristesse, la colère, la déception, et toutes les émotions liées à ces attentes non comblées. **Nommez les attentes** : écrivez explicitement les attentes qui n'ont pas été réalisées et qui continuent de peser sur vous. **Laissez aller le contrôle** : acceptez que vous ne pouvez pas remonter le temps ou changer les événements passés. Votre seul pouvoir réside dans vos réactions et vos choix actuels. **Orientez l'énergie** : une fois la perte reconnue, redirigez consciemment l'énergie investie dans ces attentes vers des actions constructives. Enfin, **célébrez ce qui est** : après avoir honoré ce qui n'a pas été, tournez votre attention vers ce qui est là, ce qui est bien dans votre vie présente.

Le deuil des attentes non réalisées est un processus de libération intérieure profond. C'est comprendre que votre bonheur ne dépend pas d'un passé réécrit ou d'un futur idéal fantasmé, mais de votre capacité à embrasser la réalité présente et à y trouver votre force, votre paix et votre joie. C'est une étape cruciale pour couper les derniers liens invisibles avec les blessures de l'enfance et s'engager pleinement dans "Votre Nouveau Chemin".

Exercice pratique : Ma Lettre de Deuil des Attentes

1. **Choisissez une attente** : Identifiez une attente non réalisée qui vous a longtemps fait souffrir, consciemment ou inconsciemment. (Ex : "J'aurais voulu que ma mère me dise qu'elle était fière de moi", "J'aurais aimé avoir une enfance insouciante, pleine de jeux et de légèreté", "J'attendais que cette personne s'excuse enfin pour le mal qu'elle m'a fait").
2. **Écrivez une lettre (non envoyée)** : Prenez le temps d'écrire une lettre détaillée à la situation, à la personne concernée, ou à cette "enfance idéale" qui n'a pas eu lieu. Exprimez tout ce que vous avez ressenti : votre tristesse, votre colère, votre déception, votre douleur de ne pas avoir eu ce que vous attendiez. Laissez tout sortir sans filtre.
3. **Le Message de lâcher-prise** : Dans la même lettre ou dans une nouvelle, écrivez une phrase ou un paragraphe où vous reconnaissez et acceptez que cette attente ne sera pas comblée de la manière dont vous le souhaitiez. Déclarez clairement votre intention de lâcher prise sur cette attente et de vous libérer de son poids émotionnel.
4. **Un rituel de clôture (optionnel mais recommandé)** : Une fois la lettre écrite et après avoir ressenti les émotions, vous pouvez choisir de la déchirer, de la brûler (en toute sécurité et avec prudence, par exemple dans un récipient ignifugé), ou de l'enterrer dans la terre. Ce rituel symbolise le lâcher-prise et la libération.

L'objectif est de permettre l'expression profonde des émotions liées aux attentes non réalisées et de faciliter le processus de lâcher-prise et de deuil. Cet exercice cathartique aide à reconnaître et à valider la douleur associée à ces attentes, puis à s'en libérer. Il permet de transformer l'énergie bloquée par la frustration ou le regret en énergie disponible pour construire un avenir plus authentique, plus serein et pleinement ancré dans le présent.

7.6 La Discipline de l'Instant Présent : Ancrer sa Liberté au Quotidien

La liberté retrouvée, ce n'est pas un état figé que l'on atteint une fois pour toutes, mais une **discipline constante**. C'est la capacité à ramener votre attention, encore et encore, à l'instant présent, là où réside la véritable paix et le seul pouvoir d'action. Après avoir navigué dans les méandres du passé et les projections du futur, l'ancrage dans le ici et maintenant devient la pierre angulaire de votre bien-être durable. Cette discipline est le remède ultime contre l'anxiété, le regret et la surcharge mentale.

Pourquoi l'instant présent est-il la clé de la liberté ? C'est le **seul lieu du pouvoir** : le passé est derrière vous, le futur n'est pas encore là. Le seul moment où vous pouvez agir, choisir, ressentir pleinement, est l'instant présent. En y étant pleinement, vous reprenez le contrôle de votre vie. Imaginons le cas de Justine, qui avait tendance à revivre sans cesse les situations douloureuses de son enfance. En pratiquant la pleine conscience, elle apprend à observer ces pensées comme des nuages qui passent, sans s'y accrocher. Elle peut alors choisir de se concentrer sur sa respiration, sur les sensations de son corps, et retrouver un sentiment de calme et de sécurité dans le présent.

Il y a une **dissolution de l'anxiété et du regret** : l'anxiété est souvent une projection dans un futur incertain ; le regret est une rumination sur un passé immuable. En vous ancrant dans le présent, vous coupez l'herbe sous le pied de ces émotions paralysantes, car elles ne peuvent exister que hors du "maintenant". Cela mène à l'**appréciation de la vie simple** : la liberté de l'instant présent vous ouvre à la richesse des petites choses. Un rayon de soleil, le goût d'un café, le rire d'un enfant, le contact avec la nature... Tout devient source de joie lorsque vous y prêtez une attention pleine et entière. Prenons l'exemple de Fabian, qui, pris dans la course du quotidien, ne voyait plus rien. En intégrant de courtes pauses de pleine conscience – quelques respirations avant de commencer une tâche, l'observation attentive de son repas – il redécouvre la richesse sensorielle de son environnement et la beauté des moments ordinaires.

Elle offre la **clarté de la pensée et une meilleure prise de décision** : lorsque votre esprit n'est pas dispersé entre le passé et le futur, il devient plus clair, plus affûté. Vous prenez des décisions plus alignées, car elles ne sont pas dictées par des peurs anciennes ou des attentes irréalistes. Enfin, c'est une **connexion à soi et aux autres** : être présent, c'est être véritablement là. Pour vous-même, pour vos émotions, et pour les personnes avec qui vous interagissez. Cette présence profonde nourrit l'authenticité et renforce les liens. Considérons le parcours de Jonathan, qui avait du mal à écouter ses amis sans que son esprit ne vagabonde. En s'exerçant à l'écoute active et à la pleine conscience de la conversation, il remarque que ses relations s'approfondissent, car il offre une présence totale.

Pour cultiver la discipline de l'instant présent, utilisez la **respiration consciente** : c'est votre ancre la plus directe. Dès que vous vous sentez emporté par vos pensées, ramenez votre attention sur votre respiration. Sentez l'air entrer et sortir. Faites des **pauses sensorielles** : prenez des mini-pauses de 30 secondes à 1 minute plusieurs fois par jour. Arrêtez-vous, et concentrez-vous sur ce que vous voyez, entendez, sentez, goûtez ou touchez. Pratiquez la **pleine conscience des routines** : transformez des activités quotidiennes (manger, marcher, faire la vaisselle) en méditations. Sentez l'eau sur vos mains, le goût des aliments, le mouvement de vos pieds. Faites un **"body scan" rapide** : balayez votre corps avec votre attention, des pieds à la tête. Remarquez les sensations, les tensions, les zones de détente. C'est un moyen rapide de vous ancrer.

Utilisez des **rappels visuels** : mettez des Post-it ou des objets qui vous invitent à revenir au moment présent (ex : votre téléphone qui vibre chaque heure). Enfin, pratiquez l'**acceptation de la distraction** : votre esprit vagabondera, c'est sa nature. Ne vous jugez pas. Remarquez la distraction et ramenez doucement votre attention à votre ancre (respiration, sensations, etc.).

Les **bénéfices** de la discipline de l'instant présent sont une **réduction significative du stress et de l'anxiété**, une **augmentation de la paix intérieure et de la sérénité**, une **meilleure concentration et clarté mentale**, un **accroissement de la joie et de l'appréciation de la vie**, des **relations plus profondes et plus authentiques**, et un **sentiment d'être pleinement vivant et connecté**. La discipline de l'instant présent n'est pas une destination, mais un chemin, une danse perpétuelle avec la vie. C'est en la cultivant que vous transformez la liberté retrouvée en une réalité vécue, chaque jour, chaque souffle. C'est le secret pour vous sentir entier, en paix, et maître de votre propre chemin.

Exercice pratique : Mon Micro-Ancrage Quotidien

Choisissez un moment de la journée où vous avez tendance à être le plus dans votre tête (le matin en vous levant, pendant un trajet, en attendant quelque chose, au début d'une tâche).

1. **Le moment choisi** : Décrivez ce moment précis (Ex : "Quand je bois mon café le matin", "Quand je suis dans les transports en commun", "Quand je suis en file d'attente").
2. **Mon signal d'ancrage** : Associez ce moment à un "signal" qui vous rappellera de revenir au présent. (Ex : le goût de votre café, le bruit du moteur, le fait de sortir votre téléphone).
3. **L'action d'ancrage (1 minute)** : Dès que le signal apparaît, mettez consciemment votre attention sur une de ces options, pendant 1 minute :
    - Votre respiration : Sentez l'air entrer et sortir.
    - Les sensations de votre corps : Sentez vos pieds sur le sol, vos mains sur un objet, la chaleur de vos vêtements.
    - Un son particulier : Concentrez-vous sur un son précis (le tic-tac d'une horloge, le chant des oiseaux, le bruit de la circulation).
    - Une observation visuelle : Choisissez un objet et observez-le comme si vous le voyiez pour la première fois, en remarquant tous ses détails.
4. **Notez l'impact (optionnel)** : Si possible, notez rapidement (mentalement ou sur une feuille) le léger changement d'état d'esprit que cette minute d'ancrage a provoqué.

L'objectif est de développer la capacité à ramener votre attention à l'instant présent, même au milieu de l'agitation, pour cultiver plus de paix et de conscience. Chaque micro-ancrage est un entraînement qui renforce votre muscle de la pleine conscience. Progressivement, vous passerez moins de temps pris dans vos pensées et plus de temps à vivre pleinement, ce qui réduit l'anxiété et augmente votre sensation de liberté intérieure.

7.7 La Célébration du Chemin : Honorer sa Résilience et ses Victoires

La liberté retrouvée est l'aboutissement d'un parcours immense, jalonné de courage, de vulnérabilité et de persévérance. Ce n'est pas une ligne d'arrivée, mais un état d'être qui mérite d'être constamment nourri et, surtout, **célébré**. Honorer votre chemin, c'est reconnaître la force inouïe de votre résilience, les victoires, petites et grandes, que vous avez remportées, et le chemin parcouru depuis les blessures du passé. Cette célébration n'est pas de l'autosatisfaction, mais un acte puissant d'amour de soi, un ancrage de la joie et de la reconnaissance pour la vie que vous avez eu le courage de transformer.

Pourquoi est-il crucial de célébrer votre chemin ? Pour **ancrer la valeur de votre expérience** : les épreuves passées peuvent laisser une empreinte de dévalorisation. Célébrer votre résilience, c'est transformer cette empreinte en une médaille d'honneur, reconnaissant la valeur immense de tout ce que vous avez traversé et surmonté. Imaginons le cas de Solange, qui avait l'impression que son passé de souffrance n'était qu'un fardeau. En prenant le temps de reconnaître chaque étape de sa guérison – un pardon accordé, une peur surmontée, une vulnérabilité exprimée – elle commence à voir son parcours comme une épopée, une source de force et de sagesse qui la rend unique.

Cela vous permet de **renforcer votre confiance en soi** : chaque victoire célébrée, même la plus minime, renforce votre confiance en vos capacités. Cela vous montre concrètement que vous êtes capable de traverser les tempêtes, de vous reconstruire et de créer la vie que vous désirez. Prenons l'exemple de Christian, qui doutait souvent de sa valeur. Chaque fois qu'il célèbre un petit succès – avoir maintenu une limite saine, avoir osé une nouvelle expérience créative – il renforce sa propre estime, prouvant à lui-même qu'il est digne et capable.

C'est un moyen de **maintenir la motivation** : le chemin de la conscience est un voyage. Les célébrations sont comme des points de ravitaillement, des sources d'énergie et de motivation pour continuer à avancer, à explorer et à vous épanouir. Considérons le parcours d'Henri, qui avait tendance à oublier ses progrès pour se focaliser sur les défis futurs. En se permettant de marquer les étapes importantes, il regagne de l'enthousiasme et de la détermination pour la suite.

Votre capacité à célébrer votre chemin peut aussi **inspirer les autres** : votre résilience, sans fausse modestie, peut devenir une source d'inspiration puissante pour votre entourage, leur montrant qu'il est possible de se relever et de s'épanouir. Enfin, c'est un moyen de **cultiver la joie durable** : la célébration est une infusion directe de joie et de gratitude dans votre vie. C'est choisir de voir la beauté du chemin, même quand il était difficile, et de reconnaître la lumière que vous êtes devenu.

Pour célébrer votre chemin de liberté retrouvée, pratiquez la **reconnaissance active** : ne laissez pas vos victoires passer inaperçues. Prenez le temps de les nommer, de les ressentir et de les valider. Tenez un **journal des victoires** : en plus de votre journal de gratitude, créez une section dédiée à vos victoires de résilience. Notez les moments où vous avez été courageux, où vous avez lâché prise, où vous avez agi en accord avec vos valeurs.

Créez des **rituels personnels** : des petits rituels pour marquer les étapes importantes. Cela peut être une méditation spéciale, un objet symbolique que vous vous offrez, un repas avec des proches, ou une activité qui vous fait profondément plaisir. **Partagez avec des proches** : partagez vos réussites et les leçons tirées avec des personnes de confiance qui vous soutiennent. Le partage amplifie la joie et la reconnaissance.

Enfin, reconnaissez les **efforts, pas seulement les résultats** : célébrez le processus, le courage d'essayer, la persévérance, même si le résultat final n'est pas exactement celui attendu. L'effort est une victoire en soi.

Les **bénéfices** de la célébration du chemin sont une **estime de soi renforcée et durable**, un **sentiment profond de fierté et d'accomplissement**, une **motivation renouvelée** pour continuer à grandir, une **plus grande capacité à trouver la joie** dans le quotidien, et une **source d'inspiration** pour vous-même et pour les autres.

Célébrer votre chemin c'est reconnaître que vous êtes l'artiste de votre propre vie, capable de transformer l'obscurité en lumière. C'est un acte de foi en vous-même, une affirmation de votre valeur inhérente, et la reconnaissance que votre résilience est un cadeau précieux, à chérir et à partager. C'est la touche finale qui ancre la liberté retrouvée dans chaque fibre de votre être.

Exercice pratique : Ma Célébration Personnelle de la Résilience

Pensez à un moment précis de votre parcours de guérison (même un petit pas) où vous avez fait preuve de courage, de lâcher-prise, ou de vulnérabilité.

1. **Le moment de résilience** : Décrivez ce moment en détail. Qu'avez-vous fait ? Qu'avez-vous ressenti ? Qu'est-ce qui le rend significatif pour vous ? (Ex : "Le jour où j'ai enfin pardonné à mon père", "Quand j'ai osé dire non à une demande épuisante", "Quand j'ai partagé ma peur la plus profonde avec un ami", "Quand j'ai fait ce petit exercice d'imperfection consciente").
2. **La victoire cachée** : Au-delà du fait, quelle est la victoire profonde ou la qualité que ce moment révèle en vous ? (Ex : "Mon courage", "Ma capacité à poser des limites", "Ma vulnérabilité est une force", "Ma persévérance", "Mon auto-compassion").
3. **Mon rituel de célébration** : Choisissez un petit rituel personnel pour honorer ce moment et cette qualité en vous. Cela peut être :
   - Prendre un moment de silence pour vous remercier.
   - Écrire une phrase inspirante dans un carnet dédié.
   - Vous offrir un petit plaisir (un bain chaud, votre boisson préférée, un moment de lecture).
   - Partager cette victoire avec une personne de confiance.

- Placer un objet symbolique qui vous rappelle ce moment.
4. **L'intention pour l'avenir** : Pendant cette célébration, affirmez votre intention de reconnaître et d'honorer votre résilience à l'avenir, et de continuer à avancer sur votre chemin avec confiance.

L'objectif est d'ancrer les victoires de votre parcours de guérison et de renforcer votre estime de soi et votre gratitude pour votre propre résilience. Cet exercice vous permet de transformer les souvenirs d'efforts en sources de fierté et d'inspiration. En célébrant activement votre chemin, vous cultivez une joie profonde, une confiance inébranlable et une appréciation durable pour la force incroyable qui réside en vous.

Chapitre 8 : La Résilience et la Croissance Post-Traumatique : Transformer les Blessures en Force

Après avoir exploré le chemin de la guérison, du pardon et de la créativité, il est fondamental d'intégrer un concept crucial : la résilience. Bien plus que la simple capacité à rebondir après une épreuve, la résilience est un processus dynamique qui permet de s'adapter positivement face à l'adversité, de grandir à travers les difficultés et de développer de nouvelles ressources. Associée à la croissance post-traumatique (CPT), elle représente la capacité de transformer les blessures du passé non pas en faiblesses persistantes, mais en sources de force, de sagesse et de sens. Ce chapitre explorera comment cultiver cette résilience et comment les épreuves peuvent paradoxalement devenir des catalyseurs de transformation profonde.

8.1 La Résilience : Au-delà du "Rebondir", Apprendre à s'Adapter et à Grandir

La résilience n'est pas une qualité innée réservée à quelques-uns ; c'est une **compétence qui se développe et se renforce** au fil des expériences. Elle ne signifie pas l'absence de douleur ou de difficultés, mais plutôt la capacité à les traverser sans se briser, et même à en sortir plus fort. C'est l'art de s'adapter aux changements, de trouver des solutions face aux imprévus, et de maintenir un équilibre psychologique même au cœur de la tempête.

Plusieurs éléments essentiels forment les fondations de la résilience. L'**optimisme réaliste** en est une composante clé. Ce n'est pas une naïveté béate, mais la capacité à envisager des issues positives tout en reconnaissant la réalité des difficultés. C'est croire en votre propre capacité à surmonter les obstacles, en gardant les pieds sur terre.

La **régulation émotionnelle** est tout aussi importante : c'est la capacité à reconnaître, comprendre et gérer vos émotions, sans les réprimer ni vous laisser submerger. Cela inclut la tolérance à l'incertitude et à l'inconfort, vous permettant de ne pas être emporté par vos ressentis.

Ensuite, l'**auto-efficacité** joue un rôle fondamental : c'est la conviction en votre propre capacité à réaliser les tâches et à atteindre les objectifs. C'est le sentiment profond d'être capable d'agir et d'influencer positivement votre environnement. N'oublions pas non plus le **réseau de soutien social** : la capacité et la volonté de demander de l'aide, de s'entourer de personnes bienveillantes et de cultiver des relations saines. Le soutien social est un pilier indispensable de la résilience, car personne ne peut tout faire seul.

La **flexibilité cognitive** est également cruciale : c'est la capacité à changer de perspective, à trouver de nouvelles solutions, à apprendre de vos erreurs et à vous adapter aux nouvelles informations. C'est l'aptitude à lâcher prise sur des idées rigides pour embrasser de nouvelles approches. Enfin, la **recherche de sens** est une composante puissante : la capacité à trouver une signification ou une leçon, même dans les événements les plus difficiles. Cela aide à contextualiser la souffrance et à lui donner une utilité pour l'avenir, transformant l'épreuve en sagesse.

Alors, comment cultiver votre résilience au quotidien ? Commencez par **renforcer vos relations** : investissez activement dans des liens sains et nourrissants. Osez demander de l'aide quand vous en avez besoin et exprimez votre vulnérabilité avec ceux en qui vous avez confiance. Pensez à **prendre soin de vous** : un corps et un esprit sains sont la base de la résilience. Priorisez le sommeil de qualité, une alimentation équilibrée, l'exercice physique régulier et les pratiques de pleine conscience qui vous ancrent.

Il est utile de **fixer des objectifs réalistes** : définissez des buts atteignables. Chaque petit succès renforce votre sentiment d'auto-efficacité et vous donne de l'élan. Apprenez de chaque **expérience** : après avoir traversé un défi, prenez le temps de réfléchir à ce qui a fonctionné, à ce que vous avez appris, et à ce que vous feriez différemment la prochaine fois. Transformez chaque obstacle en leçon.

Et enfin, **développez des stratégies d'adaptation saines** : remplacez progressivement les anciennes stratégies de survie (évitement, rumination, auto-critique) par de nouvelles qui vous sont bénéfiques (pleine conscience, sport, créativité, parler à un ami, écrire).

Les **bénéfices** de la résilience sont multiples. Vous développerez une **plus grande tolérance au stress** : les défis sont perçus comme des opportunités de croissance plutôt que des menaces écrasantes, changeant votre réaction face à l'adversité. Vous expérimenterez une **amélioration de votre bien-être général** : un sentiment de force intérieure, de compétence et de capacité à faire face à la vie, peu importe ce qu'elle apporte. Vos **relations seront plus solides** : vous développerez une meilleure capacité à gérer les conflits et à maintenir des liens significatifs, même dans l'adversité relationnelle. Enfin, vous développerez un **sentiment d'autonomie et de maîtrise** : la conviction profonde d'être capable de naviguer les hauts et les bas de l'existence avec assurance et détermination.

La résilience n'est pas l'absence de cicatrices mais la capacité à vivre avec elles et à les transformer en repères de force et de sagesse. C'est un processus continu de croissance et d'adaptation, qui vous rend plus fort, plus sage et plus capable de faire face à la vie dans toute sa complexité.

Exercice pratique : Mon Bilan de Résilience

Pensez à un défi ou une difficulté récente (ou du passé) que vous avez réussi à surmonter.

1. **Décrivez la situation** : Que s'est-il passé ? Qu'est-ce qui était difficile émotionnellement, mentalement ou physiquement ?
2. **Vos ressources utilisées** : Quelles forces intérieures ou ressources externes avez-vous mobilisées pour y faire face ? (Par exemple : persévérance, humour, capacité à demander de l'aide, acceptation, flexibilité, créativité, soutien d'un ami).
3. **Les leçons apprises** : Qu'avez-vous appris sur vous-même, sur votre propre force, et sur votre capacité à gérer les difficultés grâce à cette expérience ?
4. **Un conseil pour le futur** : Si un ami cher vivait une situation similaire, quel conseil résilient lui donneriez-vous, basé sur votre propre expérience et vos apprentissages ?

L'objectif de cet exercice est de reconnaître et de valoriser vos propres ressources de résilience déjà existantes. Cet exercice vous permet de prendre conscience de vos capacités de résilience et de les renforcer activement. En vous rappelant concrètement que vous avez déjà traversé des épreuves et en avez tiré des leçons, vous développez un sentiment d'auto-efficacité accru et une confiance solide en votre capacité à surmonter les futurs défis.

8.2 La Croissance Post-Traumatique (CPT) : Quand les Blessures Deviennent des Portes

La **croissance post-traumatique (CPT)** est un concept fascinant qui va bien au-delà de la résilience. Il décrit les changements psychologiques positifs que certaines personnes expérimentent après avoir traversé des épreuves ou des traumatismes majeurs. Loin d'être un déni de la souffrance, la CPT est une reconnaissance que la douleur profonde peut, paradoxalement, ouvrir la voie à une transformation significative et à un épanouissement nouveau. Ce n'est pas *grâce au traumatisme* que l'on grandit, mais **malgré lui et à travers le travail** qu'il impose, celui de la résilience, du pardon et de la créativité.

Des recherches menées par les psychologues Richard Tedeschi et Lawrence Calhoun ont identifié cinq domaines principaux de la croissance post-traumatique, qui peuvent se manifester différemment chez chacun :

Changements dans les relations avec les autres : Vous pourriez constater une augmentation de l'**empathie** et de la compassion envers ceux qui souffrent, car vous comprenez mieux la douleur. Vos relations peuvent gagner en **intimité et en qualité**, avec plus d'authenticité et moins de superficialité. Vous reconnaîtrez la valeur et le soutien essentiel que les autres peuvent apporter. Par exemple, une personne ayant vécu l'isolement dans l'enfance peut développer une grande capacité à créer des liens profonds et significatifs, et à être un soutien précieux et éclairé pour ses amis ou sa famille, une fois adulte.

Découverte de nouvelles possibilités : Vos priorités de vie peuvent changer, vous poussant à explorer de nouvelles voies que vous n'auriez jamais envisagées auparavant, ouvrant des horizons insoupçonnés. Cela peut se traduire par une ouverture à de nouvelles carrières, des activités passionnantes, ou des philosophies de vie plus alignées. Un burn-out majeur, par exemple, peut conduire à une réorientation professionnelle radicale vers un domaine qui a plus de sens et qui est plus profondément aligné avec vos valeurs, transformant une fin en un nouveau départ.

Appréciation accrue de la vie : Vous pourriez développer une reconnaissance intense de la préciosité de la vie, de la chance d'être en vie et de vivre chaque instant. Vous savourerez davantage les petits moments, les beautés du quotidien, qui auparavant passaient inaperçus. Cela mène au développement d'une perspective plus positive et reconnaissante sur l'existence, un véritable cadeau. Une maladie grave, par exemple, peut rendre la personne plus attentive aux joies simples : un coucher de soleil, le rire d'un enfant en train de jouer, un repas partagé en pleine conscience.

Force personnelle accrue : Vous découvrirez votre propre force et votre résilience insoupçonnée, que vous n'auriez peut-être jamais découvertes sans l'épreuve. Cela mène au développement d'un sentiment profond de confiance en votre capacité à faire face à l'adversité future, sachant ce que vous avez déjà surmonté. Le sentiment de vulnérabilité est transformé en une conscience aiguë de votre force intérieure. Avoir survécu à une relation toxique, par exemple, peut donner une immense force et la conviction inébranlable de ne plus jamais accepter moins que ce que vous méritez.

Changements Spirituels ou Existentiels : Il est possible qu'une spiritualité plus profonde ou une philosophie de vie plus solide et ancrée se développe, donnant un sens nouveau aux événements. Vous pourriez redéfinir le sens de la vie et de votre place dans le monde, avec une nouvelle perspective sur votre existence. Cela peut même entraîner un changement profond dans vos systèmes de croyances fondamentales, pour des vues plus ouvertes et éclairées. La perte d'un être cher, par exemple, peut pousser à une quête de sens plus profonde, à la méditation, à une nouvelle pratique spirituelle ou à l'engagement dans des causes humanitaires, donnant un nouveau but à votre vie.

Il est important de noter que la croissance post-traumatique n'est pas un chemin linéaire. Elle ne signifie pas que la personne n'éprouve plus de douleur ou de tristesse. Elle coexiste souvent avec la souffrance persistante et le souvenir de l'épreuve. Le processus est cyclique, avec des hauts et des bas. L'important est de reconnaître que, même dans la difficulté, il y a un potentiel de transformation et de renouveau.

Les **bénéfices** de la reconnaissance de la croissance post-traumatique sont profonds. Elle permet de **redonner du sens à la souffrance** : comprendre que les épreuves, bien que douloureuses et injustes, peuvent être des tremplins pour la croissance et l'apprentissage. Elle aide à **valider votre parcours** : reconnaître la force, la sagesse et les nouvelles compétences acquises à travers des expériences difficiles. Enfin, elle apporte **espoir et motivation** : maintenir l'espoir que des changements positifs sont toujours possibles, même après les expériences les plus sombres, vous propulsant vers l'avant.

La croissance post-traumatique nous rappelle que vous êtes des êtres capables non seulement de survivre aux blessures, mais de les transformer en forces, de les intégrer dans une identité plus riche, plus complexe et plus profonde. C'est l'ultime preuve de votre incroyable capacité à évoluer et à trouver du sens, même dans l'obscurité la plus profonde.

Exercice pratique : Mon Arbre de Croissance Post-Traumatique

Dessinez un grand arbre sur une feuille de papier, avec des racines profondes, un tronc solide, et de nombreuses branches portant des fruits.

1. **Les racines (Les blessures)** : Dans les racines de l'arbre, écrivez 2 à 3 expériences douloureuses ou traumatismes majeurs du passé (y compris ceux de l'enfance) qui vous ont marqué. Ne vous jugez pas, nommez-les simplement.
2. **Le tronc (Les ressources)** : Sur le tronc, écrivez les ressources, les qualités intérieures, ou les soutiens externes que vous avez mobilisés pour traverser ces épreuves (par exemple : persévérance, créativité, soutien d'un ami ou d'un thérapeute, humour, acceptation, foi).
3. **Les branches (Les domaines de croissance)** : Sur les branches de l'arbre, notez les changements positifs concrets que ces épreuves ont entraînés dans les cinq domaines de la CPT :
    - **Relations** : Comment vos relations avec les autres ont-elles changé ou se sont-elles améliorées ?
    - **Nouvelles Possibilités** : Quelles nouvelles opportunités, voies, ou directions avez-vous découvertes ou explorées ?
    - **Appréciation de la Vie** : Comment votre perception de la vie a-t-elle évolué ? Qu'appréciez-vous davantage aujourd'hui ?
    - **Force Personnelle** : Quelles forces intérieures avez-vous découvertes ou renforcées en vous ?

- o **Sens/Spiritualité** : Comment votre sens de la vie, votre philosophie ou vos croyances ont-ils changé ou approfondis ?
4. **Les fruits (Les bénéfices actuels)** : Dessinez des fruits sur l'arbre et écrivez les bénéfices concrets et positifs que ces croissances vous apportent aujourd'hui dans votre vie (par exemple : plus de paix intérieure, des relations plus authentiques, une passion pour un nouveau projet, plus de compassion envers vous-même et les autres, une nouvelle direction de carrière).

L'objectif de cet exercice est de visualiser et d'intégrer la croissance post-traumatique, transformant la perception de vos blessures passées en sources de force, de sagesse et de sens. Cet exercice puissant aide à recontextualiser votre passé. Il vous montre que vos blessures ne sont pas des fardeaux qui vous définissent, mais des expériences qui, grâce à votre résilience et à votre travail personnel, ont contribué à vous façonner en une personne plus forte, plus sage, plus empathique et plus complète. C'est un acte d'auto-reconnaissance et de célébration de votre incroyable parcours de vie.

8.3 Le Rôle des Nouveaux Récits : Redéfinir son Histoire et son Identité

Après avoir traversé des épreuves, votre histoire personnelle peut vous sembler figée, lourde de souffrance et de définitions limitantes. La résilience et la croissance post-traumatique impliquent de s'engager activement dans la création de **nouveaux récits** sur vous-même et sur les événements vécus. Il ne s'agit pas de nier le passé mais de le recontextualiser, de trouver de nouvelles significations et de redéfinir votre identité non plus par vos blessures, mais par votre capacité à les transcender.

Comment les nouveaux récits peuvent-ils renforcer votre résilience ? Tout d'abord, en **changeant la narration interne** : vous vous racontez constamment une histoire sur vous-même. Si cette histoire est centrée sur le rôle de victime ou sur vos incapacités, elle limite votre potentiel. Créer un nouveau récit, c'est passer d'une histoire de survie à une histoire de résilience et de transformation. Ensuite, en vous aidant à **trouver du sens aux épreuves** : la croissance post-traumatique est intrinsèquement liée à la capacité à trouver un sens aux événements douloureux. Ce sens peut être l'apprentissage de nouvelles compétences, la découverte de forces intérieures insoupçonnées, ou l'émergence de nouvelles priorités. Le nouveau récit intègre activement ce sens.

De plus, ces nouveaux récits servent à **renforcer l'identité post-traumatique** : au lieu de vous définir par "ce qui m'est arrivé", le nouveau récit vous permet de vous définir par "ce que je suis devenu malgré ce qui m'est arrivé". Vous passez d'une identité figée par le trauma à une identité évolutive, enrichie et approfondie par l'expérience. Ils vous aident aussi à **vous ouvrir aux nouvelles possibilités** : un récit limitant ferme des portes et restreint votre vision. Un nouveau récit, plus expansif et positif, ouvre l'esprit à des possibilités que vous n'auriez jamais envisagées, renforçant ainsi la composante de nouvelles possibilités de la croissance post-traumatique. Enfin, ils contribuent à **reconstruire le sentiment de cohérence** : après un trauma, le sentiment de cohérence de sa propre vie, de son fil conducteur, peut être brisé. Créer un nouveau récit aide à intégrer l'expérience difficile dans une continuité de vie, donnant un sens à ce qui a pu sembler chaotique et fragmenté.

Pour créer votre nouveau récit, commencez par **reconnaître l'ancien récit** : identifiez l'histoire que vous vous racontez habituellement sur vous-même et sur votre passé. Quels sont les mots, les adjectifs que vous utilisez pour vous décrire ? (Par exemple : "Je suis une victime", "Je suis trop fragile", "Je ne suis pas assez bien"). Prenez conscience de cette narration. Ensuite, **identifiez les leçons et les forces** : revenez sur vos épreuves et cherchez spécifiquement ce que vous en avez appris. Quelles qualités avez-vous développées (force, compassion, persévérance, courage) ? Quelles nouvelles valeurs ont émergé ? Puis, **reformulez les phrases clés** : remplacez les phrases négatives et limitantes par des affirmations positives qui reflètent votre croissance. (Par exemple : au lieu de "J'ai été brisé par mon enfance", dites "J'ai été testé par mon enfance et j'ai découvert ma capacité à me reconstruire et à devenir plus fort").

N'oubliez pas d'**inclure les témoins de votre force** : pensez aux moments précis où vous avez agi avec courage, où vous avez surmonté des obstacles, où vous avez fait preuve de résilience. Intégrez ces "preuves" concrètes dans votre nouveau récit pour le rendre tangible. Finalement, **projetez-vous** : comment la personne que vous êtes en train de devenir, forte de toutes ces expériences et ces leçons, agit-elle et pense-t-elle dans le futur ? Incluez cette vision inspirante dans votre récit.

Les récits que vous vous racontez ont un pouvoir immense sur votre perception de vous-même et du monde. En devenant l'auteur conscient de votre propre récit, vous reprenez le pouvoir sur votre histoire. Vous transformez la narration de la souffrance en une épopée de résilience, de sagesse et de transformation, ce qui est un pilier fondamental de la croissance post-traumatique.

Exercice pratique : Mon Récit de Résilience en 3 Actes

Prenez une feuille de papier et écrivez votre histoire de résilience en trois parties, comme un scénario de film sur votre vie.

1. **L'avant (l'épreuve)** : Décrivez brièvement la ou les difficultés de votre passé qui ont eu un impact significatif sur vous. Concentrez-vous sur les faits, sans vous noyer dans les émotions initiales.
2. **Le passage (le travail et les leçons)** : Racontez comment vous avez commencé à traverser cette épreuve. Quelles ressources avez-vous mobilisées (thérapie, soutien d'amis, lecture, méditation, créativité) ? Qu'avez-vous appris sur vous-même, sur la vie, sur les autres durant cette période ? Qu'est-ce qui a commencé à changer en vous, à l'intérieur ?
3. **L'après (la force et le sens)** : Décrivez la personne que vous êtes devenue grâce à ce processus de transformation. Comment avez-vous grandi ? Quelles nouvelles qualités avez-vous découvertes ou renforcées en vous ? Quel nouveau sens donnez-vous aujourd'hui à cette expérience passée ? Comment vous sentez-vous maintenant ? Plus fort, plus sage, plus authentique, plus serein ?

L'objectif est de créer un récit de votre vie qui met en lumière votre force, votre résilience et votre croissance à travers l'adversité. Cet exercice vous aide à intégrer votre passé douloureux dans une histoire cohérente de transformation. Il renforce votre perception de vous-même comme une personne résiliente, capable de donner du sens à ses expériences et de les utiliser comme catalyseur de croissance personnelle.

8.4 La Découverte de Nouvelles Possibilités : L'Horizon Post-Traumatique

L'un des aspects les plus puissants de la croissance post-traumatique réside dans la **découverte de nouvelles possibilités**. Quand l'existence est secouée par des épreuves, les anciennes voies peuvent sembler impraticables ou perdre leur sens. C'est dans ce vide, souvent inconfortable, que de nouveaux horizons peuvent apparaître, des chemins que vous n'auriez jamais envisagés auparavant. Il s'agit de vous ouvrir activement à ces opportunités, de réévaluer vos priorités et d'oser explorer des directions nouvelles qui sont davantage en alignement avec la personne que vous êtes devenu grâce à cette transformation.

Comment l'ouverture aux nouvelles possibilités nourrit-elle la croissance post-traumatique ? Elle permet un **réalignement des priorités** : face à la fragilité de la vie révélée par le trauma, vos priorités peuvent changer radicalement. Ce qui semblait essentiel auparavant peut perdre de son importance, laissant place à des valeurs plus profondes et plus authentiques, comme le temps passé avec vos proches, par exemple. Elle favorise l'**audace et l'expérimentation** : ayant déjà traversé l'impensable, vous pourriez vous sentir plus audacieux pour prendre des risques mesurés, essayer de nouvelles activités, changer de carrière ou explorer de nouvelles relations. La peur de l'échec est souvent relativisée face à la peur de ne pas vivre pleinement.

De plus, elle mène à la **reconnaissance de compétences cachées** : les défis majeurs vous forcent à mobiliser des ressources insoupçonnées. Cette expérience peut révéler des talents, des forces ou des passions latentes, menant à l'exploration de nouvelles voies personnelles ou professionnelles, comme un intérêt soudain pour la poterie ou l'écriture.

Elle vous aide également à la **remise en question des croyances limitantes** : le trauma peut briser des croyances ancrées sur vous-même, les autres ou le monde. Cette rupture, bien que douloureuse, crée un espace pour de nouvelles perspectives, plus justes, plus expansives et plus libératrices. Enfin, le **sens de la vie est renforcé** : en découvrant de nouvelles passions ou en vous engageant dans des causes qui résonnent profondément avec votre nouvelle identité, vous renforcez votre sens du but et votre direction de vie, ce qui est un moteur essentiel de la croissance.

Pour cultiver l'ouverture aux nouvelles possibilités, commencez par **faire le bilan de vos priorités** : prenez le temps de réfléchir à ce qui est réellement important pour vous maintenant. Vos priorités ont-elles changé après vos épreuves ? Sont-elles alignées avec vos valeurs actuelles ? Puis, **listez vos rêves "irréalistes"** : quels sont les rêves, les aspirations que vous aviez mis de côté car ils vous semblaient impossibles, trop grands ou déraisonnables ? Permettez-vous de les explorer sur le papier, sans jugement, juste pour voir.

N'hésitez pas à **essayer de nouvelles choses** : allez-y doucement, par petits pas. Inscrivez-vous à un nouveau cours, engagez-vous dans un nouveau passe-temps, rencontrez de nouvelles personnes ou visitez un lieu inconnu près de chez vous. Chaque nouvelle expérience élargit votre horizon.

Ensuite, **demandez-vous "Et si ?"** : face à une décision ou à un dilemme, explorez des scénarios inattendus. "Et si je prenais ce risque ?" "Et si je disais oui à cette opportunité qui me fait un peu peur ?" Enfin, soyez **attentif aux signaux** : la vie envoie souvent des signes subtils. Une rencontre fortuite, une lecture inspirante, une idée persistante peut être une invitation à explorer une nouvelle possibilité.

La découverte de nouvelles possibilités est la preuve tangible que la vie peut s'élargir et s'enrichir après les épreuves. Elle transforme le sentiment de perte en un sentiment d'opportunité, renforçant l'idée que vous êtes un être en constante évolution, capable de vous réinventer et de créer un futur qui dépasse les attentes, et parfois les limites, du passé.

Exercice pratique : Ma Carte des Nouvelles Voies

Dessinez une carte mentale ou un simple tableau sur une feuille de papier.

1. **Votre point de départ** : Au centre de la feuille, écrivez votre situation actuelle (personnelle, professionnelle, relationnelle, ou tout autre domaine qui vous parle).
2. **Les anciens chemins/blocages** : Représentez (avec des traits, des mots ou des symboles) les voies que vous avez empruntées et qui n'ont pas fonctionné, ou les blocages que vous ressentez encore. Visualisez ce qui vous retient.
3. **Les nouvelles pistes/idées** : Dessinez des branches ou des bulles tout autour de votre point de départ. Écrivez de nouvelles idées, des envies, des directions que vous n'avez jamais explorées auparavant, ou des choses que vous avez toujours rêvé de faire mais que vous n'avez jamais osé tenter. Pensez aux cinq domaines de la CPT : quelles nouvelles possibilités s'offrent à vous dans vos relations, votre carrière, votre appréciation de la vie, votre force personnelle, votre sens ou spiritualité ? Laissez libre cours à votre imagination.
4. **Le premier pas** : Pour au moins une de ces nouvelles pistes, notez une petite action concrète et réalisable que vous pouvez faire cette semaine pour commencer à l'explorer.

L'objectif est de visualiser et d'explorer des pistes de vie inexplorées suite à la transformation post-traumatique. Cet exercice stimule la créativité et vous pousse à envisager votre avenir non pas comme une fatalité ou une répétition du passé, mais comme un espace d'exploration et de nouvelles opportunités. Il vous donne le courage de sortir de votre zone de confort et d'entreprendre des actions qui vous alignent avec la personne plus forte et plus sage que vous êtes en train de devenir.

8.5 La Sagesse Acquise et la Transmission : Transformer l'Expérience en Héritage

Le dernier palier de la croissance post-traumatique, et peut-être le plus profond, est la transformation de l'expérience vécue en **sagesse acquise**, et souvent, le désir de la transmettre aux autres. Avoir traversé des ténèbres et en être ressorti non seulement entier, mais enrichi, confère une perspective unique. Cette sagesse peut se manifester par une compréhension plus profonde de la vie, une philosophie personnelle plus solide, ou un désir d'aider autrui à naviguer des défis similaires. C'est ici que la souffrance individuelle peut devenir une source de lumière collective.

Comment la sagesse et la transmission finalisent-elles votre croissance ? Elles participent à la **redéfinition du sens de la vie** : l'épreuve peut pousser à une introspection profonde sur le sens de l'existence. La sagesse acquise aide à trouver un nouveau sens, souvent lié à la contribution, à l'amour, à la connexion ou à la simple appréciation de la vie, comme le fait de prendre un moment pour admirer la verdure. Elles permettent des **compassion et empathie accrues** : avoir vous-même souffert permet de développer une compassion authentique et une empathie profonde envers les autres qui traversent des épreuves. Cette compassion est le moteur de la transmission, car vous comprenez le chemin qu'ils parcourent.

Elles encouragent le **don de soi** : le désir de transmettre votre sagesse, d'aider les autres, peut prendre diverses formes : bénévolat, mentorat, écriture, soutien amical, ou même simplement l'écoute active. Ce don de soi est profondément gratifiant et renforce le sentiment de valeur personnelle. Elles mènent à **l'acceptation de**

l'imperfection humaine : la sagesse issue du trauma mène souvent à une acceptation plus profonde des imperfections, des limites et des complexités de la condition humaine, chez vous comme chez les autres. Vous devenez plus tolérant et compréhensif. Enfin, elles contribuent à la création d'un **héritage** : transformer votre expérience douloureuse en un héritage positif, c'est donner un sens ultime à la souffrance. C'est la preuve que les blessures ne sont pas des fardeaux qui vous définissent, mais des marqueurs d'une transformation profonde qui peut inspirer et guider d'autres personnes sur leur propre chemin.

Pour cultiver la sagesse et la transmission, engagez-vous dans la **réflexion continue** : continuez de tenir un journal, de méditer sur votre parcours, et de revisiter les leçons apprises. La sagesse est un processus, pas une destination fixe. Ensuite, **partagez votre histoire (quand vous êtes prêt)** : partager votre histoire avec des personnes de confiance, ou même en la racontant à travers l'écriture ou d'autres formes d'expression artistique, peut être incroyablement libérateur pour vous et inspirant pour les autres.

Soyez attentif à **écouter et observer** : soyez attentif aux besoins des autres autour de vous. Comment pouvez-vous appliquer votre sagesse pour offrir un soutien bienveillant, même par une simple présence ou un mot juste ? Engagez-vous dans la **communauté** : le bénévolat, le soutien de pairs, ou la participation à des groupes d'entraide sont d'excellentes façons de transmettre votre expérience et de recevoir du soutien en retour. Enfin, **vivez en cohérence avec votre sagesse** : la plus grande transmission est l'exemple que vous donnez. Vivez votre vie selon les valeurs et les leçons que vous avez tirées de vos expériences, incarnant cette sagesse au quotidien.

La sagesse acquise et la transmission sont les fruits les plus nobles de la croissance post-traumatique. Elles signifient que vous avez non seulement survécu, mais que vous avez prospéré au point de pouvoir transformer votre propre douleur en une source d'aide et d'inspiration pour le monde. C'est l'ultime validation de "Votre Nouveau Chemin" : un chemin qui, après avoir été personnel, devient une lanterne pour les autres.

Exercice pratique : Mon Message de Sagesse

Pensez à une personne (réelle ou imaginaire) qui traverse actuellement un défi similaire à ceux que vous avez rencontrés dans votre parcours.

1. **Le souffrant imaginaire** : Décrivez brièvement le défi que cette personne traverse. Qu'est-ce qui la rend vulnérable ou en difficulté ?
2. **Votre message de sagesse** : Écrivez un court message (une phrase, un paragraphe) que vous lui donneriez, basé sur votre propre expérience et la sagesse que vous avez acquise. Que lui diriez-vous pour l'encourager, l'éclairer, ou lui donner de l'espoir ? Mettez-y toute votre compassion et votre sagesse, comme si vous parliez à vous-même plus jeune.
3. **L'application personnelle** : Comment ce message de sagesse que vous donnez à l'autre peut-il aussi s'appliquer à votre propre vie aujourd'hui ? Y a-t-il une partie de vous qui a encore besoin d'entendre ce message, de recevoir cette guidance ?

L'objectif est d'articuler la sagesse acquise à travers vos épreuves et de reconnaître votre propre potentiel de transmission. Cet exercice renforce votre sentiment de compétence et de valeur. Il vous permet de réaliser à quel point votre parcours vous a enrichi et vous donne un sentiment de sens en transformant votre souffrance passée en une source de guidance et d'inspiration pour vous-même et, potentiellement, pour les autres.

8.6 L'Acceptation Radicale : Accueillir ce qui Est pour Avancer

La résilience vous apprend à vous adapter, la croissance post-traumatique à trouver du sens. Mais pour que ces processus soient complets, il est indispensable de cultiver l'**acceptation radicale**. Ce concept ne signifie pas approuver ou aimer ce qui s'est passé, ni même s'y résigner passivement. Il s'agit de reconnaître, sans jugement ni lutte, la réalité telle qu'elle est et telle qu'elle a été. C'est en cessant de lutter contre l'immuable, de souhaiter que le passé soit différent ou que la réalité présente disparaisse, que vous libérez une immense énergie pour agir sur ce qui est à votre portée.

Pourquoi l'acceptation radicale est une force libératrice ? Elle permet de **mettre fin à la souffrance secondaire** : la douleur initiale face à une épreuve est inévitable. Mais une grande partie de votre souffrance vient de la résistance à cette douleur – de vos "si seulement", "ça n'aurait pas dû arriver", "ce n'est pas juste". L'acceptation radicale coupe court à cette souffrance auto-infligée. Par exemple, imaginez Alice, qui rumine constamment sur une trahison passée. Elle ne peut changer le fait que la trahison a eu lieu. L'acceptation radicale ne lui demande pas d'aimer la trahison, mais de reconnaître que "cela est arrivé" et que "c'est ma réalité aujourd'hui". Cette reconnaissance lui permet de ne plus gaspiller son énergie à lutter contre un fait accompli et de commencer à envisager ce qu'elle peut faire maintenant pour se reconstruire.

Elle contribue à **libérer l'énergie bloquée** : s'accrocher à ce qui aurait dû être ou à ce qui n'est plus, c'est comme essayer de nager à contre-courant. L'acceptation, c'est lâcher le besoin de contrôler l'incontrôlable. Cette énergie est alors disponible pour la guérison, la créativité et la construction d'un futur meilleur. Elle permet aussi de vous **ancrer dans le présent** : la non-acceptation vous tire constamment vers un passé idéalisé ou un futur fantasmé. L'acceptation radicale vous ramène dans l'instant présent, le seul lieu où le changement est possible et où la liberté peut être vécue.

Elle vous aide à **développer la compassion envers vous-même** : accepter la réalité de ce que vous avez vécu et de qui vous êtes aujourd'hui, avec vos cicatrices, est un acte profond d'auto-compassion. C'est vous donner la permission d'être humain, avec toutes vos imperfections et votre histoire unique. Enfin, elle **ouvre la porte à l'action efficace** : tant que vous êtes dans le déni ou la résistance, vos actions sont souvent dictées par la peur ou la fuite. Quand vous acceptez la réalité, même dure, vous pouvez alors évaluer la situation avec clarté et choisir des actions qui sont réellement constructives et alignées.

Comment cultiver l'acceptation radicale au quotidien ? Commencez par **identifier la réalité** : soyez honnête avec vous-même sur ce qui se passe. Évitez les "devrait être" et concentrez-vous sur le "est". Il s'agit de décrire la situation telle qu'elle est, sans ajouter vos jugements ou vos désirs. Par exemple : au lieu de penser "Je ne devrais pas me sentir triste à propos de ça", dites-vous "Je ressens de la tristesse." Plutôt que "Cette personne devrait se comporter différemment", reconnaissez "Cette personne agit ainsi." Ou encore, face à une perte, au lieu de "Ça n'aurait jamais dû arriver", acceptez simplement "Ceci est arrivé."

Puis, **reconnaissez la souffrance secondaire** : quand vous vous sentez mal, demandez-vous : "Est-ce que c'est la douleur de la situation, ou ma résistance envers la situation qui me fait souffrir le plus en ce moment ?" Ensuite, **utilisez des affirmations d'acceptation** : répétez-vous des phrases comme "C'est comme ça", "J'accepte cette situation telle qu'elle est, pour l'instant", "Je me permets de ressentir cette émotion sans la juger". Pratiquez la **pleine conscience des sensations** : quand des émotions difficiles surviennent, au lieu de les combattre, observez-les comme des sensations physiques dans votre corps. Accueillez-les sans les analyser. Enfin, **rappelez-vous votre cercle d'influence** : concentrez-vous sur ce que vous pouvez contrôler (vos pensées, vos réactions, vos actions) et lâchez prise sur ce que vous ne pouvez pas contrôler (le passé, les choix des autres, les événements extérieurs).

L'acceptation radicale n'est pas une résignation passive, mais une stratégie active de liberté. C'est le choix conscient de cesser la lutte intérieure, de vous libérer des chaînes du passé ou des idéalisations, pour embrasser pleinement l'ici et maintenant. C'est un acte de courage qui vous rend incroyablement plus résilient et apte à la croissance, en vous permettant d'avancer non pas malgré la réalité, mais avec elle.

Exercice pratique : Mon Moment d'Acceptation Radicale

Choisissez une situation actuelle ou passée qui vous génère encore de la résistance, de la frustration ou du regret.

1. **La Situation** : Décrivez brièvement la situation ou l'événement (par exemple : "Le fait que mon ancien partenaire ne se soit jamais excusé", "Mon échec dans ce projet", "Ma situation financière actuelle", "Le comportement persistant de X").
2. **Ma Résistance** : Quels sont les pensées ou sentiments de résistance que vous avez à ce sujet ? (Par exemple : "Ça n'aurait pas dû se passer comme ça", "C'est injuste", "Je ne devrais pas ressentir ça", "Je ne peux pas l'accepter").
3. **L'Affirmation d'Acceptation** : Fermez les yeux et respirez profondément. Répétez-vous silencieusement ou à voix haute : "J'accepte que [nommer la situation] soit/ait été ce qui est/a été. Je me permets de ressentir ce que je ressens sans jugement. Je choisis de libérer ma résistance à cette réalité." Répétez plusieurs fois, en vous concentrant sur la sensation dans votre corps.
4. **Le Petit Pas d'Action (si applicable)** : Une fois l'acceptation ressentie, demandez-vous : "Maintenant que j'accepte ce fait, quel petit pas constructif puis-je faire maintenant pour mon bien-être ou pour avancer, malgré cette réalité ?" (Il n'y a pas toujours une action immédiate, l'action peut être simplement de lâcher prise).

L'objectif est de réduire la souffrance secondaire et de libérer de l'énergie en pratiquant l'acceptation de réalités difficiles. Cet exercice, même pratiqué brièvement, aide à briser les cycles de rumination et de frustration. Il vous permet de cesser de lutter contre l'inchangeable, de regagner un sentiment de contrôle sur votre réaction interne, et de diriger votre énergie vers des choix et actions qui nourrissent votre croissance et votre paix intérieure.

8.7 L'Héritage du Cœur : Quand le Passé Devient une Source de Sens Profond

Après avoir traversé les épreuves et cultivé la résilience, la dernière étape de la transformation est souvent la reconnaissance de l'**héritage du cœur**. Il ne s'agit pas d'un héritage matériel, mais de la richesse intérieure que vos expériences passées, même les plus douloureuses, ont forgée en vous. C'est comprendre que chaque blessure, chaque défi surmonté, a déposé en vous des trésors de sagesse, de compassion et de force. Cet héritage n'est pas un fardeau, mais une source profonde de sens qui peut éclairer votre propre vie et celle des autres.

Comment cet héritage nourrit-il votre transformation ? Il représente une **richesse intérieure** : ce que vous avez vécu vous a donné une profondeur, une perspective et une compréhension de la vie que d'autres n'ont pas. Cette richesse est un atout inestimable pour naviguer le monde et interagir avec autrui. Par exemple, pensez à Gabrielle, qui a surmonté une enfance difficile. Sa compassion naturelle et sa capacité à comprendre la souffrance des autres sont un héritage direct de ses propres épreuves. Elle utilise cette sensibilité pour aider d'autres enfants dans le besoin, transformant son passé en une force active et bienveillante.

C'est également un **guide pour l'avenir** : les leçons tirées de vos expériences passées ne sont pas seulement des souvenirs ; elles sont des guides. Elles vous aident à prendre des décisions plus éclairées, à reconnaître les situations saines des malsaines, et à construire un avenir plus aligné avec qui vous êtes devenu. C'est aussi une **source d'inspiration** : votre parcours, avec ses luttes et ses victoires, peut devenir une source d'inspiration pour vous-même et pour d'autres. Votre capacité à transformer la douleur en force est un témoignage vivant de la puissance de l'esprit humain. Après avoir traversé un burn-out sévère, Marco a découvert une passion pour l'écriture. Son "héritage" de l'épuisement l'a poussé à créer des contenus qui aident d'autres professionnels à prévenir le burn-out, donnant un sens profond et altruiste à sa propre souffrance.

Enfin, il développe un **sens de la contribution** : pour beaucoup, l'héritage du cœur se manifeste par un désir de contribuer au bien-être des autres. C'est le moment où l'expérience personnelle se transforme en une mission, où la souffrance individuelle éclaire un chemin de service.

Pour cultiver l'héritage de votre cœur, pratiquez la **réflexion et l'intégration** : continuez de prendre du temps pour réfléchir à votre parcours. Comment chaque étape vous a-t-elle façonné ? Quelles qualités inestimables avez-vous développées grâce à ce chemin ? Puis, le **partage ciblé** : quand vous vous sentez prêt, partagez des fragments de votre histoire ou les leçons tirées avec ceux qui pourraient en bénéficier. Ce n'est pas une simple narration, mais un partage de sagesse.

Engagez-vous à **vivre vos valeurs** : l'héritage le plus puissant est celui que vous incarnez. Vivez chaque jour en cohérence avec les valeurs et les compréhensions profondes que vos expériences vous ont offertes. Considérez le **mentorat ou l'accompagnement** : si l'opportunité se présente, considérez d'accompagner ou de mentorer d'autres personnes qui traversent des épreuves similaires. Votre vécu sera un phare pour elles. Enfin, **créez et exprimez-vous** : l'art, l'écriture, la musique, ou toute forme d'expression créative peuvent être des canaux puissants pour transformer votre héritage intérieur en quelque chose de tangible et de beau pour le monde.

L'héritage de votre cœur est la preuve que rien de ce que vous avez vécu n'a été en vain. Vos cicatrices ne sont pas des marques de faiblesse, mais des symboles de votre incroyable force et de la profondeur de votre âme. Elles sont la preuve que vous avez non seulement survécu, mais que vous avez prospéré, transformant votre passé en une source inépuisable de sens, de compassion et de sagesse, un véritable trésor pour "Votre Nouveau Chemin".

Exercice pratique : Mon Arbre des Leçons et de l'Héritage

Reprenez l'image de l'arbre que nous avons utilisée précédemment, ou dessinez-en une nouvelle.

1. **Les Racines (Les épreuves)** : Écrivez dans les racines les expériences difficiles ou les blessures du passé qui ont été les plus marquantes.
2. **Le Tronc (Les leçons)** : Sur le tronc, listez les grandes leçons ou les compréhensions profondes que ces épreuves vous ont apportées sur la vie, sur vous-même, et sur les autres.
3. **Les Branches (Les qualités et la sagesse)** : Sur les branches, notez les qualités spécifiques que vous avez développées (par exemple, la compassion, la patience, la résilience, la sagesse, la force intérieure, la clarté) grâce à ces leçons.
4. **Les Fruits (L'héritage et la contribution)** : Sur les fruits de l'arbre, écrivez comment vous pouvez (ou comment vous aimeriez) utiliser cette sagesse et ces qualités pour enrichir votre vie actuelle ou pour contribuer au bien-être des autres. (Par exemple : "Écouter avec plus d'empathie", "Aider les autres à traverser des moments difficiles", "Créer de l'art inspirant", "Être un parent plus conscient").

L'objectif est de visualiser comment vos expériences passées ont forgé une sagesse et des qualités précieuses que vous pouvez maintenant offrir au monde. Cet exercice renforce la perception de la valeur de votre parcours de vie. Il vous aide à voir que même la souffrance peut laisser un héritage positif, un sens profond à votre existence, et un chemin pour la contribution, vous donnant un sentiment d'accomplissement et de connexion.

Affronter les Abysses : Quand les Blessures Laissent des Traces Profondes

Avertissement : Le contenu de ce chapitre aborde des sujets extrêmement difficiles et sensibles liés aux conséquences les plus graves des traumas de l'enfance. Si vous vous reconnaissez dans ces descriptions et que vous ressentez de la détresse, sachez que vous n'êtes pas seul(e) et que l'aide existe. La liste des problématiques abordées ici n'est pas exhaustive ; elle se concentre sur des situations qui peuvent avoir un impact direct et profond sur la façon dont vous menez votre vie. Les traumas de l'enfance peuvent en effet laisser une foule d'autres problèmes profonds et invalidants, et peu importe la forme que prend votre souffrance, je vous engage vivement à **demander un soutien professionnel** si le besoin s'en fait sentir. La lecture de ce chapitre peut être intense ; prenez soin de vous et n'oubliez jamais que ce guide est une boussole, mais il ne se substitue en aucun cas à une thérapie ou à un suivi médical.

Les Addictions : Tenter d'Éteindre la Douleur

Une **addiction** est une dépendance, qu'elle soit physique ou psychologique, à une substance (comme les drogues, l'alcool, certains médicaments) ou à un comportement (comme les jeux d'argent, le sexe, les écrans, ou même le travail acharné et la nourriture). Ce qui la caractérise, c'est l'incapacité à contrôler sa consommation ou son comportement, et ce, malgré les conséquences négatives évidentes sur votre vie, qu'elles soient sur la santé, les relations, le travail ou les finances. C'est un cycle difficile à briser seul, mais il est essentiel de comprendre pourquoi il se met en place.

Le lien profond avec l'enfance est souvent évident. Très souvent, les addictions se développent comme des **stratégies d'automédication**, mises en place inconsciemment pour faire face à une douleur émotionnelle insupportable. Imaginez un enfant qui grandit avec de l'anxiété, de la honte profonde, un sentiment de vide intérieur, ou qui est hanté par des souvenirs traumatiques. Cet enfant, puis l'adulte qu'il devient, cherche désespérément à engourdir, à fuir, à anesthésier ce qu'il n'a pas pu traiter et digérer. Le manque de sécurité affective, les négligences, les abus, ou une dysfonction familiale (comme des parents alcooliques ou violents) créent un terrain propice. Dans ce contexte, la substance ou le comportement addictif devient un "doudou" destructeur, une béquille pour supporter l'insupportable. C'est une tentative désespérée de gérer des émotions accablantes ou des souvenirs douloureux.

Mais pourquoi les addictions se développent-elles de cette manière ? L'addiction offre une **évasion temporaire**, une sensation de contrôle illusoire, ou un soulagement immédiat de la douleur. C'est comme une pilule magique qui promet de tout faire disparaître, même si ce n'est que pour un court instant. Votre cerveau, programmé pour rechercher le plaisir et éviter la douleur, associe rapidement cette échappatoire à une diminution du mal-être. Cette association renforce le cycle de dépendance : plus la douleur est forte, plus l'envie de l'évasion est puissante. C'est un mécanisme de survie dysfonctionnel qui, à long terme, aggrave la situation au lieu de la résoudre, créant une nouvelle couche de souffrance.

Si vous ou un de vos proches vous reconnaissez dans cette description, sachez que la première étape, et la plus courageuse, est la reconnaissance de l'addiction et le désir sincère de s'en sortir. Il est absolument crucial de ne pas rester seul(e) et de chercher un accompagnement spécialisé.

Voici des pistes concrètes pour entamer un chemin de guérison :

Accompagnement thérapeutique individuel : Des approches comme les thérapies cognitives comportementales (TCC) peuvent aider à identifier les déclencheurs de l'addiction et à développer de nouvelles stratégies pour faire face aux envies et aux émotions. Les thérapies psychodynamiques ou d'autres approches spécifiques au trauma peuvent aider à explorer et à guérir les causes sous-jacentes liées à l'enfance.

Groupes de soutien : Des structures comme les Alcooliques Anonymes (AA) ou les Narcotiques Anonymes (NA) offrent un espace sécurisant et anonyme pour partager les expériences, recevoir du soutien de pairs qui comprennent, et suivre un programme structuré de rétablissement.

Suivi médical pour le sevrage : Dans de nombreux cas, un suivi médical est indispensable pour gérer le sevrage de la substance, surtout si une dépendance physique s'est installée. Des professionnels de la santé peuvent accompagner ce processus en toute sécurité.

Travail sur les causes sous-jacentes : Au-delà du comportement addictif lui-même, il est vital de travailler sur les blessures de l'enfance et les traumatismes qui ont servi de terreau à l'addiction. Une fois la dépendance gérée, la thérapie peut se concentrer sur la guérison de ces blessures fondamentales, souvent en lien avec le besoin de sécurité, d'amour et de reconnaissance.

Se libérer d'une addiction est un voyage exigeant, mais c'est un chemin possible qui mène à une liberté et une paix intérieures bien plus grandes que tout ce que la substance ou le comportement pouvait offrir. Vous n'êtes pas seul(e) dans cette démarche et le courage que vous montrez en abordant ce sujet est le premier pas vers une vie plus saine et plus sereine.

Les Troubles Alimentaires (Anorexie, Boulimie, Hyperphagie) : Le Corps comme Champ de Bataille

Les **troubles alimentaires** sont bien plus que des problèmes de poids ou de régime ; ce sont des troubles graves qui se manifestent par une relation profondément perturbée à la nourriture, au poids et à l'image corporelle. Ces troubles, qu'il s'agisse de l'**anorexie**, de la **boulimie** ou de l'**hyperphagie**, entraînent des conséquences physiques et psychologiques sévères et nécessitent une prise en charge sérieuse.

Le lien profond avec l'enfance est, ici aussi, souvent au cœur de la souffrance. Très souvent, ces troubles sont intimement liés à un **besoin désespéré de contrôle** dans un environnement d'enfance où l'enfant n'en avait précisément aucun. Cela peut découler d'un chaos familial, d'abus, d'une surprotection étouffante, ou d'exigences parentales excessivement élevées. Dans ce contexte, le corps et la nourriture deviennent les seuls domaines sur lesquels l'individu peut exercer un pouvoir. Les troubles alimentaires peuvent aussi être une expression de la colère refoulée, d'une honte corporelle héritée (souvent de commentaires ou de jugements reçus), ou un moyen de gérer des émotions accablantes ou un sentiment d'inexistence. Le corps devient alors un moyen de communication d'une souffrance qui ne peut être exprimée autrement.

Mais pourquoi ces comportements se développent-ils ? Le contrôle de la nourriture, qu'il s'agisse de restriction extrême ou de crises de boulimie suivies de purges, offre une **illusion de maîtrise** sur votre vie quand tout le reste semble vous échapper. La restriction (dans l'anorexie) ou les crises et compensations (dans la boulimie et l'hyperphagie) sont des tentatives désespérées de gérer l'anxiété, la dépression ou une détresse émotionnelle intense. Ces mécanismes sont souvent directement liés à des expériences de vie passées où le corps ou l'estime de soi ont été malmenés, où la personne a pu se sentir impuissante ou envahie. La nourriture devient alors un outil pour anesthésier, punir, ou contrôler des émotions trop fortes.

Si vous vous reconnaissez dans cette description, sachez que la guérison des troubles alimentaires est un parcours exigeant, mais tout à fait possible. Un **suivi multidisciplinaire** est absolument nécessaire, car ces troubles affectent l'individu dans sa globalité. Cette prise en charge implique souvent :

Un médecin pour la gestion des conséquences physiques et le suivi de la santé générale.

Un nutritionniste ou diététicien spécialisé pour aider à normaliser la relation à la nourriture et à retrouver un équilibre alimentaire sain.

Un psychologue ou psychiatre pour le travail thérapeutique sur les causes profondes. Des thérapies spécifiques sont cruciales :

Les **TCC (thérapies cognitives comportementales)** adaptées aux troubles alimentaires aident à identifier et à modifier les pensées et comportements dysfonctionnels liés à la nourriture et à l'image corporelle.

La **thérapie familiale** peut être très pertinente, surtout pour les adolescents, afin d'aborder les dynamiques familiales qui peuvent contribuer au maintien du trouble.

Des **approches axées sur le trauma** sont souvent essentielles pour travailler sur les blessures de l'enfance et les expériences passées qui ont pu déclencher ou renforcer ces comportements.

Le chemin vers la guérison des troubles alimentaires est un acte de courage immense. Il s'agit de reprendre possession de votre corps, de vos émotions, et de vous réconcilier avec vous-même. Vous méritez cette paix.

Les Comportements Autodestructeurs (Automutilation, Idées Suicidaires, Prises de Risques Excessifs) : Quand la Douleur se Tourne Contre Soi

Les **comportements autodestructeurs** sont des manifestations d'une souffrance interne immense, où la douleur psychologique se transforme en une atteinte dirigée contre soi-même. Qu'il s'agisse d'automutilation (se couper, se brûler), d'idées suicidaires (penser à la mort ou envisager de se faire du mal fatalement), ou de prises de risques excessifs (conduite dangereuse, sports extrêmes non encadrés, comportements imprudents), ces actes sont des signaux d'alarme d'une détresse profonde. Ils ne sont jamais un caprice, mais une tentative désespérée de gérer l'insupportable.

Le lien profond avec l'enfance est crucial à comprendre ici. Ces comportements sont souvent des **stratégies de survie dysfonctionnelles** apprises très tôt, dans des environnements où l'enfant n'a pas pu exprimer ou réguler ses émotions de manière saine. Un sentiment de vide, de désespoir, de honte, ou l'impression d'être "mauvais" ou indigne d'amour, sont des héritages fréquents de traumas comme la négligence émotionnelle, les abus physiques ou sexuels, ou un rejet constant. L'automutilation, par exemple, peut être un moyen de ressentir quelque chose quand on se sent engourdi, de libérer une tension insupportable, ou de se punir pour des sentiments de culpabilité écrasants. Les pensées suicidaires peuvent émerger quand la personne ne voit aucune échappatoire à sa souffrance et croit que c'est la seule option pour y mettre fin. Les prises de risques excessifs peuvent être une quête d'adrénaline pour se sentir vivant, ou une forme d'autodestruction indirecte.

Mais pourquoi ces comportements se développent-ils ? Ces actions offrent un **soulagement immédiat, bien que temporaire**, à une douleur émotionnelle insoutenable. La douleur physique de l'automutilation peut détourner l'attention de la douleur psychologique, servant de dérivatif. Les pensées suicidaires peuvent donner une illusion de contrôle sur son propre destin lorsque tout semble échapper. Les risques pris peuvent procurer un sentiment d'excitation intense qui masque le vide intérieur. Ce sont des mécanismes désespérés pour faire face à une douleur qui semble trop grande pour être gérée autrement, résultant souvent d'une incapacité à réguler les émotions intenses ou à demander de l'aide de manière efficace. Le corps devient alors un réceptacle pour la souffrance qui ne trouve pas d'autre issue.

Si vous ou un de vos proches vous reconnaissez dans ces descriptions, il est d'une importance capitale de chercher de l'aide. Ces comportements sont des signaux de détresse extrême et nécessitent une prise en charge immédiate. Vous n'avez pas à porter ce fardeau seul(e).

Voici des pistes concrètes pour entamer un chemin de guérison et trouver un soulagement durable :

Urgence et Sécurité : Si des idées suicidaires sont présentes, contactez immédiatement une ligne d'écoute d'urgence (comme le 0800/32 123 en Belgique, le 3114 en France, le 1866APPELLE au Quebec, ou d'autres numéros d'aide dans votre pays) ou un professionnel de la santé. La sécurité est la priorité absolue.

Accompagnement thérapeutique spécialisé : Des thérapies comme la **Thérapie Comportementale Dialectique (TCD)** sont particulièrement efficaces pour les comportements autodestructeurs et la gestion des émotions intenses. D'autres approches (TCC, thérapies psychodynamiques) peuvent aussi être très utiles pour explorer les racines du trauma et développer des compétences de régulation émotionnelle.

Stratégies de régulation émotionnelle alternatives : Apprenez des techniques saines pour gérer la détresse, comme des exercices de respiration, la pleine conscience, l'art-thérapie, l'écriture, le sport, ou l'appel à un proche de confiance. Ces techniques offrent des alternatives aux comportements destructeurs.

Développer un réseau de soutien : Entourez-vous de personnes bienveillantes et de confiance. Parler de votre souffrance, même si c'est difficile, peut alléger le poids que vous portez. Des groupes de soutien peuvent aussi offrir un espace de partage sans jugement.

Guérir les blessures sous-jacentes : Le travail sur les traumas de l'enfance est essentiel. Une fois la phase de gestion de crise passée, la thérapie peut se concentrer sur l'exploration et la guérison des expériences passées qui ont engendré cette douleur profonde et cette tendance à l'autodestruction.

Se libérer de ces comportements est un acte de courage et d'amour envers soi. C'est un chemin vers la découverte que vous méritez la paix, la sécurité et la joie de vivre. Vous n'êtes pas vos comportements, et la possibilité de vous en libérer est réelle.

La Violence (Exercée sur Autrui, Sous Forme de Troubles de l'Agressivité ou de la Gestion de la Colère) : Quand la Souffrance Explose vers l'Extérieur

Aborder la **violence exercée sur autrui**, qu'elle prenne la forme de **troubles de l'agressivité** ou de difficultés extrêmes dans la **gestion de la colère**, est un pas courageux et nécessaire. Ces comportements ne sont pas le signe d'une "mauvaise personne", mais bien souvent l'expression déformée et explosive d'une douleur intense et d'une impuissance vécues dans le passé. Ils peuvent se manifester par des accès de rage, des paroles blessantes, des menaces, ou même des agressions physiques, affectant profondément les relations et la vie de la personne concernée.

Le lien profond avec l'enfance est ici particulièrement marqué. La violence exercée est très fréquemment une **réponse acquise pendant l'enfance dans un environnement violent, chaotique ou profondément insécurisant**. Un enfant qui a grandi dans la peur, qui a été témoin ou victime de violence, n'a souvent pas appris à réguler ses propres émotions ni à exprimer sa détresse de manière saine. La colère peut devenir la seule émotion permise ou le seul moyen d'obtenir de l'attention ou de se sentir puissant dans un contexte de vulnérabilité écrasante. C'est une stratégie de survie qui, bien que destructrice, a pu sembler nécessaire pour se protéger ou se faire entendre dans le passé. Cette colère peut également cacher une profonde tristesse, de la honte, ou un sentiment d'injustice accumulé.

Mais pourquoi ces comportements se développent-ils ? Ces explosions de violence ou cette agressivité chronique sont des **tentatives désespérées de reprendre le contrôle**, de se défendre, ou de libérer une pression émotionnelle insupportable. Quand les émotions n'ont pas été validées ou qu'il n'y a pas eu d'espace sécurisant pour les exprimer, elles s'accumulent jusqu'à exploser. Le cerveau, ayant associé la violence à un sentiment de puissance ou à une (fausse) solution rapide aux problèmes, peut reproduire ces schémas. Cela peut aussi être le résultat d'une incapacité à tolérer la frustration, à gérer le stress, ou à communiquer des besoins non satisfaits de manière constructive. La personne peut se sentir dépassée par ses émotions et réagir de manière impulsive, regrettant souvent ses actes par la suite.

Si vous vous reconnaissez dans ces descriptions, sachez que reconnaître ces schémas est le premier pas vers un immense changement. Il est essentiel de chercher un accompagnement, non seulement pour votre bien-être, mais aussi pour celui de votre entourage.

Voici des pistes concrètes pour entamer un chemin de guérison et apprendre à gérer ces explosions :

Un **accompagnement thérapeutique individuel** est crucial. Des approches comme les **Thérapies Cognitives Comportementales (TCC)** peuvent vous aider à identifier les déclencheurs de votre colère et à développer de nouvelles stratégies de gestion émotionnelle, des techniques de communication assertive, et des moyens sains d'exprimer vos besoins. La **Thérapie Comportementale Dialectique (TCD)** est aussi très efficace pour la régulation des émotions intenses et l'amélioration des relations interpersonnelles. Travailler sur les **traumas sous-jacents** est indispensable. Des thérapies axées sur le trauma (comme l'EMDR ou la psychothérapie sensorimotrice) peuvent vous aider à guérir les blessures de l'enfance qui alimentent cette colère et cette agressivité, en traitant la racine de la souffrance.

Participer à des **groupes de gestion de la colère** peut offrir un espace sécurisant pour partager vos expériences avec d'autres personnes qui vivent des défis similaires, apprendre des techniques de régulation et vous sentir moins seul(e). Apprendre de nouvelles **compétences de communication** est également vital. Développer des compétences en communication non-violente et en résolution de conflits peut vous permettre d'exprimer vos besoins et vos frustrations de manière constructive, sans blesser les autres ou vous-même. Enfin, le **développement de l'auto-compassion** est primordial. Comprenez que ces comportements sont une réponse à une souffrance. Apprenez à vous regarder avec bienveillance, à pardonner vos erreurs passées et à croire en votre capacité à changer.

C'est un chemin difficile, mais en osant regarder cette part de votre souffrance, vous ouvrez la voie à une vie plus paisible, des relations plus saines, et une profonde réconciliation avec vous-même. Vous avez le pouvoir de transformer cette énergie destructrice en une force de construction.

La Mythomanie (Mentir de Manière Compulsive et Envahissante) : Quand la Réalité Se Déforme pour Protéger la Blessure

Aborder la **mythomanie**, cette tendance à **mentir de manière compulsive et envahissante**, est une démarche qui demande une grande délicatesse et une profonde compréhension. Il ne s'agit pas de mauvaise foi ou de simple manipulation, mais d'un mécanisme de défense souvent complexe et involontaire, profondément ancré dans une souffrance passée. Ces mensonges, qu'ils soient petits ou grands, déforment la réalité de la personne qui les émet et de son entourage, créant un sentiment de confusion et de rupture de confiance.

Le lien profond avec l'enfance est ici essentiel à saisir. La mythomanie se développe très souvent comme une **stratégie de survie** dans des environnements où la vérité était dangereuse, où l'enfant n'était pas en sécurité d'être lui-même, ou où la validation et l'attention n'étaient obtenues qu'à travers l'invention d'histoires. Un enfant qui a été constamment critiqué, rejeté, abusé, ou qui a vécu dans un déni familial, peut apprendre que la réalité est trop douloureuse ou trop dangereuse. Mentir devient alors un moyen de se protéger, de se rendre plus intéressant, d'obtenir de l'amour ou d'éviter une punition perçue comme inévitable. C'est une façon désespérée de construire une réalité plus supportable ou de combler un vide identitaire, une tentative de créer une version de soi qui soit acceptable ou aimable aux yeux des autres, ou même à ses propres yeux.

Mais pourquoi ces comportements se développent-ils ? Le mensonge compulsif offre une **fausse sensation de**

contrôle sur la perception que les autres ont de soi et sur les situations. Il permet de fuir une réalité douloureuse, de masquer une insécurité profonde, ou de compenser un manque d'estime de soi. Le cerveau, en cherchant à éviter la douleur ou à obtenir une gratification (même éphémère comme l'attention), peut renforcer ce circuit du mensonge. Le mensonge peut devenir une habitude si profondément ancrée qu'il devient difficile de distinguer le vrai du faux, même pour la personne elle-même. C'est un mur que l'on construit pour se protéger, mais qui finit par enfermer et isoler.

Si vous vous reconnaissez dans cette description, sachez que reconnaître cette tendance est un pas immense vers la liberté et l'authenticité. Ce n'est pas facile, mais c'est un chemin qui ouvre la voie à des relations plus saines et une paix intérieure.

Voici des pistes concrètes pour entamer un chemin de guérison et retrouver une relation plus saine avec la vérité :

Un **accompagnement thérapeutique individuel** est primordial. Des thérapies comme les **Thérapies Cognitives Comportementales (TCC)** peuvent vous aider à identifier les pensées et les déclencheurs qui sous-tendent le besoin de mentir, et à développer des stratégies pour faire face à l'inconfort de la vérité. Des approches psychodynamiques ou axées sur le **trauma** sont également essentielles pour explorer et guérir les blessures de l'enfance qui ont créé cette stratégie de défense, en travaillant sur les racines de l'insécurité et du manque d'estime de soi.

Le **travail sur l'estime de soi et la confiance en soi** est fondamental. Apprendre à s'accepter tel que vous êtes, avec vos imperfections, et à croire en votre propre valeur sans avoir besoin de la fabriquer par des histoires, est une étape clé. La pratique de l'**honnêteté radicale**, d'abord avec un thérapeute, puis progressivement avec des proches de confiance, peut être un exercice puissant pour briser le cycle du mensonge. Il s'agit de s'exposer à la vulnérabilité de la vérité, pour découvrir que l'on peut être accepté tel que l'on est. Enfin, le **développement de compétences sociales saines** et d'une communication authentique vous permettra de construire des relations basées sur la confiance et la transparence, réduisant le besoin de déformer la réalité.

C'est un voyage vers la libération, vers une version plus authentique et plus sereine de vous-même. En vous permettant d'être vulnérable et vrai, vous créez un espace pour la guérison profonde et des connexions humaines réelles.

Les Troubles Anxieux (Généralisés ou Spécifiques, Phobies Intenses, Attaques de Panique Fréquentes) : Quand la Peur Envahit le Quotidien

Les **troubles anxieux** sont bien plus qu'un simple stress passager ; ils représentent une anxiété excessive et persistante qui peut devenir envahissante et entraver considérablement votre vie quotidienne. Qu'il s'agisse d'une **anxiété généralisée** qui vous submerge d'inquiétudes constantes, de **phobies intenses** qui vous paralysent face à des situations spécifiques, ou de **crises de panique fréquentes** qui vous coupent le souffle, ces manifestations de la peur peuvent faire de chaque jour une lutte.

Le lien profond avec l'enfance est ici d'une grande importance. Les troubles anxieux se développent très souvent lorsque l'enfant a grandi dans un environnement où la sécurité n'était pas constante, où il a dû faire face à l'imprévisibilité, au danger perçu, ou à des attentes irréalistes. Un parent hyper-anxieux, un environnement familial chaotique, des expériences de négligence ou d'abus peuvent enseigner au cerveau de l'enfant qu'il n'est jamais vraiment en sécurité. L'anxiété devient alors une **stratégie de protection hyperactive** : le système nerveux est constamment en alerte, scrutant le moindre signe de danger, même quand il n'y en a pas. C'est une tentative de contrôler l'incontrôlable, de prévoir et d'éviter toute menace potentielle, même imaginaire.

Mais pourquoi ces comportements se développent-ils ? L'anxiété offre une **illusion de maîtrise** en vous poussant à anticiper tous les pires scénarios, dans l'espoir de les éviter. Les attaques de panique sont le point culminant de cette surcharge émotionnelle, une décharge physique et psychologique intense. Les phobies, quant à elles, permettent d'éviter les situations perçues comme dangereuses, offrant un soulagement temporaire qui renforce l'évitement et maintient la peur. Ces mécanismes sont en réalité des réponses désespérées pour faire face à des émotions intenses, souvent liées à un sentiment d'impuissance vécu dans l'enfance. Le corps et l'esprit sont en état de siège constant, épuisant votre énergie et limitant votre liberté.

Si vous vous reconnaissez dans ces descriptions, sachez que vous n'êtes pas seul(e) et que la voie vers une vie plus sereine, moins accablée par la peur, est tout à fait possible. Reconnaître votre anxiété est le premier pas vers cette libération.

Voici des pistes concrètes pour entamer un chemin de guérison et retrouver une plus grande paix intérieure :

Un **accompagnement thérapeutique individuel** est très efficace. Les **Thérapies Cognitives Comportementales (TCC)** sont particulièrement recommandées pour les troubles anxieux, car elles vous aident à identifier et à modifier les schémas de pensée anxieux, à affronter progressivement vos peurs (exposition progressive), et à développer des techniques de relaxation et de gestion du stress. Des approches basées sur la **pleine conscience** peuvent également être très utiles pour vous ancrer dans le moment présent et observer vos pensées et émotions sans jugement. Un **travail sur les traumas sous-jacents** est souvent essentiel. Des thérapies axées sur le trauma, telles que l'**EMDR**, peuvent vous aider à retraiter les souvenirs douloureux et les expériences passées qui ont généré cette hypervigilance et cette réactivité anxieuse.

Le **développement de stratégies de régulation émotionnelle** saines est crucial. Apprenez des techniques pour calmer votre système nerveux, comme les exercices de respiration profonde, la cohérence cardiaque, ou l'activité physique régulière. La **mise en place d'un réseau de soutien** solide est également importante. Parler de votre anxiété à des proches de confiance ou rejoindre des groupes de soutien peut vous aider à vous sentir compris(e) et à réduire le sentiment d'isolement. Enfin, le **réapprentissage de la sécurité** est un processus lent mais profond. Il s'agit de cultiver activement des expériences de sécurité dans votre vie actuelle, de vous autoriser à vous détendre et à faire confiance, étape par étape.

Se libérer de l'emprise de l'anxiété est un acte de courage immense. C'est un chemin vers la reconquête de votre liberté, la capacité à respirer plus profondément et à vivre chaque instant avec plus de confiance et de légèreté.

Le Trouble de Stress Post-Traumatique Complexe (TSPT-C) : Les Racines Profondes du Trauma et leurs Répercussions Globales

Le **Trouble de Stress Post-Traumatique Complexe (TSPT-C)** est une forme plus grave et souvent plus envahissante du trouble de stress post-traumatique (TSPT), qui résulte généralement de traumas prolongés, répétitifs et interpersonnels vécus durant l'enfance. Il ne s'agit pas d'un événement unique, mais d'une série d'expériences traumatisantes (abus, négligence, violence domestique, abandon) qui ont eu lieu dans un contexte où la fuite ou la lutte étaient impossibles, et où la victime était souvent dépendante de son agresseur. Ce type de trauma a des répercussions profondes et généralisées sur l'identité, les émotions et les relations de la personne.

Le lien profond avec l'enfance est la pierre angulaire du TSPT-C. Lorsque l'enfant est exposé de manière chronique à des situations de danger, de trahison ou de négligence émotionnelle par les personnes qui devraient le protéger, son cerveau et son système nerveux se développent différemment. Il apprend que le monde est intrinsèquement dangereux et que les autres sont imprévisibles ou menaçants. Cette expérience précoce et répétée de l'impuissance et de la terreur mène à des difficultés majeures. La **régulation émotionnelle** est souvent perturbée, avec des sautes d'humeur intenses, des crises de rage ou des périodes d'engourdissement émotionnel. L'**image de soi** est gravement altérée, laissant place à des sentiments de honte, de culpabilité, de dévalorisation, ou l'impression d'être "défectueux". Les **relations aux autres** sont complexes, oscillant entre l'évitement et la dépendance, la méfiance et la recherche désespérée d'attention, rendant difficile l'établissement de liens stables et sécurisants. La **dissociation** (se sentir déconnecté de soi-même ou de la réalité) est également fréquente, comme un moyen de fuir une réalité insupportable.

Mais pourquoi ces répercussions se développent-elles ? Le TSPT-C est la manifestation d'un système de survie qui est resté bloqué en mode "danger constant". Le cerveau, ayant été constamment en alerte pendant l'enfance, continue de percevoir des menaces même en l'absence de danger réel. Les flash-backs émotionnels (revivre la terreur sans nécessairement avoir d'images) ou physiques (tensions corporelles, réactions de sursaut) sont fréquents, ramenant la personne dans l'horreur du passé. C'est un mécanisme de protection qui est devenu une prison, car le corps et l'esprit n'ont jamais eu l'occasion de se sentir vraiment en sécurité et de guérir. La capacité à faire confiance, à se sentir en sécurité, et à s'aimer est profondément affectée par ces expériences traumatisantes et répétées.

Si vous vous reconnaissez dans cette description, sachez que le chemin vers la guérison du TSPT-C est un marathon, pas un sprint, mais qu'il est absolument possible de retrouver une vie pleine et apaisée. Vous n'êtes pas seul(e) et votre souffrance est légitime.

Voici des pistes concrètes pour entamer un chemin de guérison et reprendre le contrôle de votre vie :

Un **accompagnement thérapeutique hautement spécialisé** est indispensable. Des thérapies axées sur le trauma, comme la **Thérapie Comportementale Dialectique (TCD)** qui aide à la régulation émotionnelle et relationnelle, l'**EMDR (Désensibilisation et Retraitement** par les **Mouvements Oculaires**), la **psychothérapie sensorimotrice** qui intègre le corps dans la guérison du trauma, ou les **thérapies psychodynamiques** axées sur l'attachement, sont très efficaces pour traiter les racines profondes du TSPT-C. Ce travail demande du temps, de la patience et une relation de confiance avec votre thérapeute.

La **priorité à la sécurité et à la stabilisation** est fondamentale. Avant de pouvoir explorer les souvenirs traumatiques, il est crucial de développer des ressources de régulation émotionnelle, de renforcer votre sentiment de sécurité intérieure et de mettre en place un environnement de vie stable. La **reconnexion au corps et aux émotions** de manière douce et progressive est essentielle. Des pratiques comme la pleine conscience, le yoga thérapeutique, ou des exercices de respiration peuvent vous aider à vous réapproprier votre corps et à tolérer vos émotions, sans vous laisser submerger. Le **développement de l'auto-compassion** est également vital. Apprenez à vous traiter avec la même bienveillance et compréhension que vous accorderiez à un ami cher. Votre parcours est difficile, et vous méritez douceur et patience. Enfin, le **renforcement des relations saines et sécurisantes** est un pilier de la guérison. Entourez-vous de personnes qui vous valident, vous soutiennent et respectent vos limites. Apprenez à faire confiance progressivement, à vous ouvrir et à recevoir de l'aide.

Guérir du TSPT-C est un acte de résilience et de courage extraordinaire. C'est un chemin vers la reconquête de votre identité, la capacité à vous sentir en sécurité dans votre propre corps et dans vos relations, et la construction d'une vie qui, malgré les ombres du passé, est pleine de sens et de lumière. Vous avez cette force en vous.

Les Troubles de la Personnalité (Borderline, Narcissique, Évitante, Schizoïde, etc.) : Des Schémas Ancrés Qui Définissent la Relation au Monde

Aborder les **troubles de la personnalité** est un sujet d'une immense complexité et qui demande une grande bienveillance. Il s'agit de **schémas de pensée, de ressenti et de comportement profondément enracinés et souvent dysfonctionnels** qui se sont développés très tôt dans la vie et qui persistent dans le temps. Ces schémas affectent la façon dont vous vous percevez, dont vous percevez les autres et le monde, et ils ont un impact majeur sur vos relations, votre travail et votre bien-être général. Des troubles comme la personnalité **borderline**, **narcissique**, **évitante** ou **schizoïde** ne sont pas des "choix" ou des "défauts de caractère", mais des adaptations complexes à une souffrance passée.

Le lien profond avec l'enfance est ici au cœur de la formation de ces troubles. Un trouble de la personnalité se développe généralement en réponse à des **environnements d'enfance chroniquement insécurisants, invalidants, traumatisants ou profondément négligents**. L'enfant n'a pas pu développer un sentiment stable de soi, des mécanismes d'adaptation sains, ni une capacité à réguler ses émotions de manière adéquate. Par exemple, un enfant ayant vécu des rejets ou des abandons répétés pourrait développer une personnalité borderline, caractérisée par une peur intense de l'abandon et une instabilité émotionnelle. Un enfant qui a été constamment dévalorisé ou, au contraire, idéalisé de manière irréaliste, pourrait développer des traits narcissiques, cherchant désespérément la validation externe. La négligence émotionnelle sévère peut conduire à des personnalités évitantes (peur du rejet) ou schizoïdes (détachement social). Ces troubles sont des armures construites pour survivre, mais qui finissent par emprisonner et isoler.

Mais pourquoi ces schémas se développent-ils et perdurent-ils ? Ces troubles sont des **tentatives de survie dysfonctionnelles** qui sont devenues des modes de fonctionnement par défaut. Le cerveau, ayant appris que certaines stratégies (comme la manipulation, l'isolement, la dépendance excessive, ou la fuite émotionnelle) étaient nécessaires pour faire face à la douleur ou obtenir ce dont il avait besoin dans l'enfance, continue de les reproduire, même si elles sont destructrices à l'âge adulte. C'est une **façon figée de s'adapter au monde**, qui, bien que protectrice à l'origine, limite énormément la capacité à établir des relations saines, à gérer les émotions de manière équilibrée et à construire une identité stable et autonome. La personne souffre souvent énormément de ces schémas, même si elle a du mal à les reconnaître ou à les modifier sans aide.

Si vous vous reconnaissez dans ces descriptions, sachez que le chemin vers la guérison et la stabilisation est un processus long, mais **absolument possible**. Vous n'êtes pas défini(e) par votre diagnostic, et il existe des approches thérapeutiques qui peuvent vous aider à transformer ces schémas.

Voici des pistes concrètes pour entamer un chemin de guérison et retrouver une plus grande paix intérieure :

Un **accompagnement thérapeutique spécialisé et à long terme** est essentiel. Des approches comme la **Thérapie Comportementale Dialectique (TCD)** sont particulièrement efficaces pour le trouble de la personnalité borderline, car elles se concentrent sur la régulation émotionnelle, la tolérance à la détresse et l'amélioration des relations. La **thérapie des schémas** est également très pertinente pour travailler sur les "schémas" (croyances et comportements) négatifs ancrés depuis l'enfance. D'autres approches, comme les **thérapies psychodynamiques** ou basées sur **l'attachement**, peuvent explorer les racines profondes de ces troubles et vous aider à développer une identité plus stable et un sentiment de sécurité intérieure.

Le **travail sur la régulation émotionnelle** est un pilier fondamental. Apprendre à identifier, comprendre et gérer vos émotions intenses sans vous laisser déborder est une compétence clé. Cela inclut des techniques de pleine conscience, de respiration et de tolérance à la détresse. Le **développement de l'auto-compassion** est également vital. Apprenez à vous regarder avec bienveillance, à comprendre que ces schémas sont le fruit de votre histoire et à vous donner la permission d'être imparfait(e) tout en travaillant à votre mieux-être. La **construction de relations saines et sécurisantes** est un objectif thérapeutique majeur. Apprenez à faire confiance progressivement, à vous ouvrir de manière appropriée et à établir des limites saines pour protéger votre bien-être.

C'est un chemin de courage et de transformation profonde. En osant explorer et modifier ces schémas ancrés, vous vous ouvrez à la possibilité de vivre des relations plus authentiques, de vous sentir plus entier(e) et de construire une vie qui vous ressemble, libéré(e) des chaînes du passé.

La Dépression Chronique ou Récurrente : Quand l'Ombre S'Installe Durablement

Aborder la **dépression chronique ou récurrente** est essentiel, car elle représente bien plus qu'une simple tristesse. C'est un état de mal-être persistant, une ombre qui semble s'installer durablement sur votre vie, impactant votre énergie, votre humeur, votre sommeil, votre appétit et votre capacité à ressentir du plaisir ou de l'espoir. Les épisodes dépressifs peuvent se répéter, ou la dépression peut s'étirer sur des années, rendant le quotidien lourd et sans éclat. Ce n'est jamais un signe de faiblesse, mais une maladie qui épuise l'âme.

Le lien profond avec l'enfance est souvent au cœur de la vulnérabilité à la dépression. Une enfance marquée par la négligence émotionnelle, le manque de soutien constant, les critiques répétées, les séparations douloureuses ou les abus, peut façonner un cerveau et un esprit qui ont appris à voir le monde à travers un voile de désespoir. Un enfant qui n'a pas été entendu, qui a vécu le déni de ses émotions, ou qui s'est senti impuissant face à des situations difficiles, peut développer une **tendance à l'intériorisation de la souffrance**, à la rumination, et à une vision négative de soi et de l'avenir. La dépression devient alors une forme de protection, un repli pour faire face à un monde perçu comme hostile ou indifférent, ou une conséquence de la perte d'espoir face à une douleur non résolue.

Mais pourquoi cette ombre s'installe-t-elle, et pourquoi persiste-t-elle ? La dépression chronique peut être la manifestation d'un système émotionnel submergé et épuisé. Les mécanismes de défense mis en place dans l'enfance, qui ont pu vous aider à survivre, peuvent à l'âge adulte contribuer à un état dépressif. Le cerveau, ayant appris à être en mode "survie basse énergie", peut avoir du mal à retrouver un fonctionnement équilibré. La dépression offre une sorte de **soulagement par l'engourdissement**, une façon de ne plus ressentir l'intensité de la douleur ou de la déception. Cependant, cette solution provisoire finit par isoler et priver de toute joie. C'est une boucle difficile à briser sans aide, car la maladie elle-même diminue l'énergie et la motivation nécessaires pour s'en sortir.

Si vous vous reconnaissez dans cette description, sachez qu'il est possible de retrouver la lumière et l'élan de vie. Votre souffrance est réelle, mais votre capacité à en sortir l'est tout autant. Oser demander de l'aide est un acte de courage immense.

Voici des pistes concrètes pour entamer un chemin de guérison et retrouver une plus grande vitalité :

Un **accompagnement thérapeutique individuel** est fondamental. Les **Thérapies Cognitives Comportementales (TCC)** peuvent vous aider à identifier et à modifier les schémas de pensée négatifs qui alimentent la dépression, et à activer des comportements qui favorisent le bien-être. Les **thérapies psychodynamiques** ou les approches axées sur l'**attachement** peuvent explorer les racines profondes de votre dépression, en travaillant sur les blessures de l'enfance et les dynamiques familiales passées. Pour les dépressions sévères ou chroniques, un **suivi médical** et parfois un traitement pharmacologique peuvent être nécessaires pour aider à réguler la chimie du cerveau et permettre aux autres approches thérapeutiques d'être efficaces.

Le **développement de l'auto-compassion** est vital. Apprenez à vous traiter avec douceur et patience, en reconnaissant que vous faites face à une maladie. La culpabilité et l'auto-critique ne font qu'aggraver la dépression. L'**activation comportementale** est une approche concrète : même si vous n'en avez pas envie, engagez-vous dans des activités qui vous procuraient du plaisir ou un sentiment d'accomplissement par le passé. Chaque petite action positive peut briser le cycle de l'inactivité et du désespoir. Enfin, la **reconnexion sociale et la construction de relations saines** sont cruciales. L'isolement alimente la dépression. Osez vous ouvrir à des proches de confiance, ou rejoignez des groupes de soutien pour partager votre expérience et vous sentir moins seul(e).

Se libérer de la dépression chronique est un chemin de résilience et de courage. C'est un processus qui demande de la patience, de la persévérance et le soutien de professionnels et de votre entourage, mais il mène à une vie où la joie, le sens et l'espoir peuvent reprendre toute leur place. Vous méritez de retrouver votre éclat.

L'Isolement Social Extrême et l'Anxiété Sociale Sévère : Le Poids de l'Invisible Mur

Aborder l'**isolement social extrême** et l'**anxiété sociale sévère** est essentiel, car ils représentent bien plus qu'une simple timidité. C'est un état de souffrance profonde où la connexion humaine, si vitale, devient une source de peur intense ou semble impossible. L'isolement peut être choisi par défense, ou subi, mais dans les deux cas, il engendre un profond sentiment de solitude. L'anxiété sociale, elle, se manifeste par une peur persistante et irrationnelle des situations sociales, des interactions, de la peur d'être jugé(e), humilié(e) ou de faire des erreurs. Ces deux phénomènes peuvent enfermer une personne dans un monde de silence, la coupant de toute source de soutien et d'épanouissement.

Le lien profond avec l'enfance est souvent au cœur de ces difficultés. L'isolement et l'anxiété sociale se développent fréquemment lorsque l'enfant a grandi dans un environnement où ses tentatives de connexion ont été rejetées, critiquées, ou où il a été exposé à des dynamiques relationnelles dysfonctionnelles. Un enfant qui a été ridiculisé, ignoré, ou qui a subi de l'intimidation, peut apprendre que les autres sont une source de danger ou de jugement. Le manque de modèles d'attachement sécurisants ou l'absence de validation émotionnelle peuvent également entraîner une difficulté à faire confiance aux autres et à croire en sa propre valeur sociale. L'isolement devient alors une **stratégie de protection**, un moyen d'éviter de nouvelles blessures, tandis que l'anxiété sociale est la manifestation d'une peur viscérale d'interagir, alimentée par la conviction que l'on est inadéquat.

Mais pourquoi ces comportements se développent-ils et persistent-ils ? Ces mécanismes, bien que douloureux, offrent une **fausse sensation de sécurité** en évitant les risques de rejet ou d'humiliation. L'isolement protège de la vulnérabilité que représente l'ouverture à autrui. L'anxiété sociale, en poussant à l'évitement, procure un soulagement immédiat, mais ce soulagement renforce le cycle de la peur et de la solitude. Votre cerveau, ayant appris que les situations sociales étaient potentiellement dangereuses, active le mode "danger" dès qu'une interaction se profile. C'est une stratégie de survie qui, au lieu de protéger, finit par priver de l'une des sources les plus importantes de bien-être humain : la connexion.

Si vous vous reconnaissez dans cette description, sachez que briser cet invisible mur est un acte de courage immense, mais qu'il est absolument possible de retrouver le chemin vers des relations épanouissantes et une vie sociale plus riche. Votre désir de connexion est légitime, et l'aide existe pour le concrétiser.

Voici des pistes concrètes pour entamer un chemin de guérison et retrouver le chemin vers autrui :

Un **accompagnement thérapeutique individuel** est très efficace. Les **Thérapies Cognitives Comportementales (TCC)** sont particulièrement recommandées pour l'anxiété sociale. Elles vous aideront à identifier et à modifier les pensées négatives qui alimentent votre peur, à pratiquer l'exposition progressive aux situations sociales (par petits pas, dans un environnement sécurisé), et à développer des compétences sociales. Les approches axées sur le **trauma** peuvent également être essentielles pour travailler sur les blessures de l'enfance qui ont créé cette méfiance ou cette peur du jugement.

Le **développement de l'auto-compassion et de l'estime de soi** est fondamental. Apprenez à vous traiter avec douceur, à reconnaître vos propres qualités et à comprendre que votre valeur ne dépend pas de l'approbation des autres. Concentrez-vous sur ce que vous avez à offrir, plutôt que sur ce que vous craignez de ne pas être. Le **développement progressif de petites interactions** est crucial. Commencez par de courtes interactions avec des personnes sûres et bienveillantes, comme un ami proche, un membre de la famille, ou même un voisin. Chaque petite réussite renforce votre confiance. La **pleine conscience** peut vous aider à rester ancré(e) dans le présent et à observer vos émotions sans les laisser vous submerger lors des interactions sociales. Enfin, la **rejoindre des groupes de soutien** peut offrir un espace sûr pour pratiquer les interactions et partager vos expériences avec d'autres personnes qui comprennent ce que vous traversez.

Se libérer de l'isolement et de l'anxiété sociale est un voyage vers la liberté. C'est un chemin qui demande patience et persévérance, mais qui mène à la découverte de la joie des connexions humaines authentiques et à la capacité de vous sentir à votre place dans le monde. Vous avez le droit d'être vu(e) et aimé(e) tel(le) que vous êtes.

Les Difficultés Relationnelles Chroniques (Incapacité à Établir des Relations Saines, Dépendance Affective, Schémas Répétés) : Le Reflet des Blessures du Passé

Aborder les **difficultés relationnelles chroniques** est crucial, car nos liens avec les autres sont au cœur de notre bien-être. Ces difficultés ne sont pas des échecs personnels, mais des schémas qui se répètent, souvent de manière douloureuse et frustrante. Qu'il s'agisse d'une **incapacité à établir des relations saines et durables**, d'une **dépendance affective** excessive, ou de la **répétition de schémas relationnels toxiques** (où vous attirez toujours le même type de personne ou vivez les mêmes dynamiques), ces défis sont le reflet des blessures profondes du passé qui continuent d'influencer la manière dont vous interagissez avec le monde.

Le lien profond avec l'enfance est la source principale de ces schémas. Nos premières expériences relationnelles, celles que nous vivons avec nos figures d'attachement primaires (parents ou tuteurs), modèlent notre vision des relations et de nous-même. Un enfant qui a connu l'abandon, le rejet, l'abus, l'indisponibilité émotionnelle, ou des relations chaotiques et imprévisibles, n'a pas pu développer un **modèle d'attachement sécurisant**. Il peut apprendre que l'amour est conditionnel, que les autres ne sont pas fiables, ou qu'il doit se plier en quatre pour être aimé. Ces croyances ancrées peuvent ensuite se manifester à l'âge adulte par une peur intense de l'intimité, une tendance à fusionner avec l'autre par peur de l'abandon, ou à rejouer inconsciemment les dynamiques douloureuses de son enfance.

Mais pourquoi ces schémas se développent-ils et perdurent-ils ? Ces difficultés relationnelles sont des **tentatives de survie dysfonctionnelles** qui visent à obtenir ce qui a manqué dans l'enfance ou à se protéger d'une répétition de la douleur. La dépendance affective, par exemple, est une recherche désespérée de la sécurité et de la validation qui n'ont pas été reçues. La répétition de relations toxiques peut être une tentative inconsciente de "réparer" le passé, de transformer une dynamique connue en une fin plus heureuse, ou simplement la conséquence d'un modèle relationnel intégré très tôt. Votre cerveau continue de chercher des schémas familiers, même s'ils sont destructeurs, car ils sont connus et donc, d'une certaine manière, "prévisibles". C'est une prison construite avec le désir profond de connexion.

Si vous vous reconnaissez dans ces descriptions, sachez que le chemin vers des relations plus saines et plus épanouissantes est un objectif précieux et absolument réalisable. Reconnaître ces schémas est le premier pas vers leur transformation et vers des liens plus authentiques.

Voici des pistes concrètes pour entamer un chemin de guérison et construire des relations plus nourrissantes :

Un **accompagnement thérapeutique individuel** est d'une grande aide. Les **thérapies axées sur l'attachement** sont particulièrement pertinentes, car elles explorent comment vos premières expériences ont façonné votre manière d'être en relation. Les **thérapies psychodynamiques** ou la **thérapie des schémas** peuvent vous aider à identifier et à modifier les modèles relationnels inconscients qui se répètent. La **Thérapie Comportementale Dialectique (TCD)** est également très efficace pour améliorer les compétences interpersonnelles et la régulation émotionnelle dans les relations.

Le **travail sur l'estime de soi et l'auto-compassion** est fondamental. Apprenez à reconnaître votre propre valeur indépendamment des autres, et à vous traiter avec la même bienveillance que vous offririez à un ami. Plus vous vous aimez et vous respectez, moins vous chercherez la validation externe à tout prix. La **définition et le maintien de limites saines** sont cruciaux. Apprenez à dire non, à exprimer vos besoins et à protéger votre espace émotionnel, même si cela génère de l'anxiété au début. C'est un acte d'auto-respect qui attire des relations plus saines. La **pratique de la communication authentique** est également vitale. Apprenez à exprimer vos émotions et vos pensées de manière claire et respectueuse, plutôt que de les réprimer ou de les laisser exploser. Enfin, **choisissez activement des relations saines et sécurisantes**. Entourez-vous de personnes qui vous respectent, vous valident et vous soutiennent. Apprenez à reconnaître les signes de relations saines et à investir en elles.

Guérir les difficultés relationnelles, c'est se donner la permission de vivre des relations d'amour et de respect, basées sur l'authenticité et la confiance. C'est un chemin qui demande du courage et de la patience, mais il mène à des liens profonds et épanouissants, où vous pouvez être pleinement vous-même.

La Dissociation (Se Sentir Déconnecté de Soi-Même, de Ses Émotions, de Son Corps ou de la Réalité) : L'Évasion Silencieuse de l'Esprit

Aborder la **dissociation** est comprendre un mécanisme de protection complexe, souvent mal compris, où l'esprit semble se déconnecter d'une partie de lui-même ou de la réalité. Ce n'est pas de la folie, mais une **stratégie de survie** pour faire face à l'insupportable. La dissociation peut se manifester de multiples façons : un sentiment de **déconnexion de soi-même** (comme si vous étiez un observateur extérieur à votre propre vie), de vos **émotions** (un engourdissement total face à la douleur ou à la joie), de votre **corps** (ne plus ressentir ses sensations), ou même de la **réalité** (sentiment que le monde autour de vous n'est pas réel, comme dans un rêve). Ces épisodes peuvent être brefs ou prolongés, et ils peuvent rendre le quotidien étrange et difficile à appréhender.

Le lien profond avec l'enfance est la clé de la dissociation. Ce mécanisme se développe fréquemment lorsque l'enfant a été exposé à des traumas intenses, prolongés et souvent inéluctables (abus répétés, violence extrême, négligence sévère) dans un contexte où il ne pouvait ni fuir ni lutter. Pour survivre à ces situations insupportables, le cerveau de l'enfant a appris à s'échapper mentalement. La dissociation est devenue une **voie de sortie psychique** : si le corps est maltraité, l'esprit peut se détacher. Si la réalité est trop horrible, l'esprit peut la rendre floue ou irréelle. C'est une adaptation brillante pour l'enfant en situation de détresse extrême, lui permettant de continuer à fonctionner en compartimentant la douleur et le souvenir de l'événement.

Mais pourquoi ces déconnexions se développent-elles et persistent-elles à l'âge adulte ? La dissociation offre une **fausse sensation de sécurité et de contrôle** en vous permettant de ne plus ressentir l'intensité de la douleur ou de la peur. C'est comme si un interrupteur se déclenchait pour vous protéger. Cependant, à l'âge adulte, ce qui était une protection vitale peut devenir un obstacle majeur. La dissociation peut vous empêcher de traiter pleinement vos émotions, de vous sentir connecté(e) à votre propre corps et à votre vie, et de construire des relations authentiques. Le système nerveux continue d'utiliser cette stratégie d'évitement, même face à des situations qui ne sont plus dangereuses, créant une barrière entre vous et votre expérience présente.

Si vous vous reconnaissez dans ces descriptions, sachez que comprendre la dissociation est le premier pas vers une plus grande intégration et une reconnexion à vous-même. Ce n'est pas un signe de faiblesse, mais la preuve de la force de votre esprit qui a trouvé un moyen de survivre. La guérison est un processus, et vous n'êtes pas seul(e).

Voici des pistes concrètes pour entamer un chemin de guérison et retrouver une plus grande présence et une connexion à vous-même :

Un **accompagnement thérapeutique spécialisé** est essentiel. Des approches axées sur le trauma, comme la **psychothérapie sensorimotrice** ou les **thérapies psychocorporelles**, sont particulièrement efficaces car elles aident à reconnecter le corps et l'esprit, à traiter les souvenirs traumatiques et à développer de nouvelles ressources de régulation émotionnelle. L'**EMDR** peut également être très utile pour désensibiliser les souvenirs liés à la dissociation. Travailler sur la **sécurité et l'ancrage dans le présent** est une priorité. Apprenez des techniques pour vous sentir plus en sécurité dans votre corps et votre environnement actuel. Cela inclut des exercices de respiration profonde, de pleine conscience (en vous concentrant sur vos cinq sens), des techniques de mise à la terre (toucher des objets, marcher, sentir la température).

Le **développement de la régulation émotionnelle** est crucial. Apprenez à identifier et à tolérer progressivement vos émotions, sans avoir besoin de vous dissocier. Un thérapeute peut vous guider pour augmenter votre "fenêtre de tolérance" aux émotions intenses. Le **travail sur les limites et les relations sécurisantes** est également important. Apprendre à établir des limites saines et à vous entourer de personnes de confiance peut aider à créer un environnement de sécurité qui réduit le besoin de dissociation. Enfin, la **patience et l'auto-compassion** sont fondamentales. La guérison de la dissociation prend du temps et demande de la douceur envers soi-même. Chaque petit pas vers la reconnexion est une victoire.

Guérir de la dissociation est un chemin vers une vie plus intégrée et authentique. C'est se donner la permission de ressentir pleinement, de vivre pleinement, et de se réconcilier avec toutes les parties de soi-même, retrouvant une présence et une joie insoupçonnées.

Les Troubles du Sommeil Chroniques (Insomnies Sévères, Cauchemars Récurrents) : Quand la Nuit ne Ramène Plus le Repos

Aborder les **troubles du sommeil chroniques**, qu'il s'agisse d'**insomnies sévères** où le repos semble inatteignable, ou de **cauchemars récurrents** qui transforment la nuit en un lieu de terreur, est essentiel. Le sommeil est un pilier de notre bien-être physique et mental, et lorsque celui-ci est perturbé de manière persistante, toute notre vie en est affectée. Ces troubles ne sont pas de simples désagréments ; ils épuisent votre corps et votre esprit, rendant le quotidien plus difficile et le passé souvent plus pesant.

Le lien profond avec l'enfance est souvent au cœur de ces perturbations. Un enfant qui a vécu des traumas, qui a été en état d'hypervigilance constante en raison de l'insécurité, de la violence, de la négligence ou d'abus, a appris que même la nuit n'était pas un lieu sûr. Le sommeil peut être perçu comme un abandon du contrôle, une porte ouverte aux souvenirs douloureux ou à des peurs refoulées. Les cauchemars récurrents sont souvent la manifestation directe de l'esprit tentant de traiter des traumas non résolus. L'insomnie peut être une prolongation de l'état d'alerte, où le système nerveux ne sait plus comment se détendre et se laisser aller au repos. Votre horloge biologique et votre capacité à vous sentir en sécurité, même dans l'obscurité, ont pu être profondément déréglées.

Mais pourquoi ces troubles du sommeil se développent-ils et perdurent-ils ? Ces difficultés sont la manifestation d'un système nerveux qui reste en mode "lutte ou fuite" ou se fige même quand il n'y a plus de danger immédiat. Le corps et l'esprit n'arrivent pas à se mettre au repos. L'insomnie peut être une **stratégie inconsciente d'évitement** des cauchemars ou des pensées intrusives qui surviennent la nuit. Les cauchemars, quant à eux, sont le signe que le cerveau tente désespérément de digérer et de "classer" des expériences traumatiques non résolues. C'est un mécanisme de survie qui, au lieu de protéger, finit par épuiser, privant le corps et l'esprit du repos et de la réparation essentiels à la guérison.

Si vous vous reconnaissez dans ces descriptions, sachez qu'il est possible de retrouver un sommeil réparateur et de transformer vos nuits. Votre souffrance est réelle, mais des solutions existent pour vous aider à apaiser votre esprit et votre corps.

Voici des pistes concrètes pour entamer un chemin de guérison et retrouver des nuits paisibles :

Un **accompagnement thérapeutique individuel** est crucial. La **Thérapie Cognitives Comportementale de l'Insomnie (TCC-I)** est l'approche la plus efficace pour les troubles du sommeil. Elle vous aide à identifier les pensées et comportements qui perturbent votre sommeil et à mettre en place de nouvelles habitudes saines. Les thérapies axées sur le **trauma**, comme l'**EMDR** ou la **psychothérapie sensorimotrice**, sont essentielles pour traiter les souvenirs traumatiques qui alimentent les cauchemars récurrents et l'hypervigilance nocturne. Travailler sur la **régulation émotionnelle et le système nerveux** est fondamental. Apprenez des techniques pour calmer votre corps et votre esprit avant de dormir, comme des exercices de respiration profonde, la relaxation musculaire progressive, ou la méditation de pleine conscience.

Mettre en place une **hygiène de sommeil rigoureuse** est un pilier. Cela inclut des routines régulières (heure de coucher et de lever fixes), un environnement de sommeil propice (obscurité, silence, température fraîche), et l'évitement des stimulants avant le coucher (caféine, écrans). Un **suivi médical** peut être nécessaire pour exclure d'autres causes physiques des troubles du sommeil et, si besoin, pour un accompagnement temporaire avec des traitements médicamenteux, toujours sous supervision. Enfin, la **reconnexion à la sécurité intérieure** est un processus lent mais profond. Il s'agit de vous autoriser à vous sentir en sécurité même dans l'obscurité, de pratiquer des visualisations apaisantes avant de dormir, et de vous rappeler que vous êtes en sécurité maintenant.

Retrouver un sommeil réparateur est une étape majeure vers la guérison globale. C'est se donner la permission de se reposer, de se réparer, et de se réveiller avec plus d'énergie et de clarté pour construire votre nouveau chemin.

Conclusion : L'Aube Nouvelle – Quand la Vie Dévoile sa Lumière Intérieure

Nous arrivons au terme de ce voyage extraordinaire, une odyssée au cœur de soi que vous avez courageusement entreprise. Vous avez traversé les méandres de l'enfance, exploré les turbulences de l'adolescence, osé vous confronter à la stase et au vide, pour finalement embrasser le tournant bénéfique du pardon, réactiver votre créativité, cultiver votre résilience et faire germer la croissance post-traumatique. Quel chemin parcouru ! Aujourd'hui, en cet instant précis, la lumière du jour sur votre visage est le reflet de celle qui brille désormais en vous.

Ce livre, cette carte routière, n'est pas une destination, mais le magnifique prélude d'une nouvelle ère. La liberté retrouvée n'est pas une lointaine chimère ; c'est un état d'esprit, une mélodie intérieure que vous avez patiemment réapprise à jouer. C'est la profonde sérénité de savoir que vous êtes le **maître de votre symphonie**, le **chef d'orchestre de vos émotions**, et le **peintre de votre propre chef-d'œuvre de vie**. Si ces pages ont pu vous apporter un souffle de réconfort, une étincelle d'aide, ou l'impulsion à entreprendre des changements pour votre mieux-être, alors mon cœur est rempli d'une immense gratitude. C'était là leur raison d'être, leur plus belle vocation.

L'Éclat de la Conscience Retrouvée : Vous Êtes la Lumière

Rappelez-vous les ténèbres, les ombres de l'enfance qui semblaient si définitives. Ces peurs, ces doutes, ces blessures vous ont façonné, oui, mais elles ne vous définissent plus. Vous avez fait face à ces fantômes avec un courage inouï, non pas pour les vaincre à la hache, mais pour les comprendre, les accueillir, et les transformer en sagesse. Chaque larme versée a arrosé le terreau de votre **résilience**. Chaque prise de conscience a été un rayon de soleil transperçant les nuages.

Aujourd'hui, vous avez compris que la **conscience est votre plus grande force**. Vous savez lire les signaux de votre corps, les murmures de votre anxiété, les défis de votre ego. Vous n'êtes plus un simple passager ballotté par les vagues de la vie, mais un **capitaine aguerri**, capable de naviguer même sur les mers les plus agitées. Vous avez appris à identifier les croyances limitantes qui vous enchaînaient, et vous avez découvert le pouvoir de les briser, une par une, pour les remplacer par des affirmations qui célèbrent votre véritable valeur. Vous avez remis en question, déconstruit, et reconstruit, non pas avec la force brute, mais avec la douce persévérance de la pleine conscience.

La lumière que vous avez retrouvée n'est pas une lumière extérieure qui vous serait donnée ; c'est **votre lumière intérieure**, celle qui a toujours été là, patiente, attendant que vous la reconnaissiez. Elle est faite de votre **vulnérabilité transformée en puissance**, de vos **cicatrices devenues étoiles**, et de votre **authenticité qui rayonne sans effort**. C'est la lumière de l'acceptation inconditionnelle de qui vous êtes, dans toute votre magnifique et imparfaite humanité. C'est elle qui vous éclaire et vous guide.

La Symphonie du Pardon : Libération Absolue

Ah, le pardon ! Ce mot, si souvent mal compris, est en réalité la clé d'une **libération absolue**. Vous avez compris que pardonner, ce n'est pas absoudre l'offenseur, ni oublier la douleur. C'est un acte souverain de **libération de soi**. Chaque once de rancœur que vous avez lâchée, chaque parcelle de culpabilité que vous avez dissoute, a créé un espace immense en vous. Cet espace n'est plus encombré par le passé, par le poids des injustices subies ou par le fardeau des erreurs commises. Il est désormais un **sanctuaire de paix**, un havre où votre âme peut respirer et s'épanouir.

Le pardon envers autrui vous a délivré des chaînes invisibles de la colère et du ressentiment, vous permettant de ne plus être l'otage des actions d'autrui. Vous avez repris votre pouvoir, car votre paix ne dépend plus de ce que les autres font ou ne font pas. Et le **pardon envers vous-même**, cet acte radical de compassion, vous a permis de déposer le lourd manteau de la honte et de la culpabilité. Vous avez appris que vous étiez **digne d'amour, de bonheur, et de réussite**, exactement tel que vous êtes. Vous avez remplacé l'auto-flagellation par l'auto-compassion, et c'est la plus belle des victoires.

Imaginez le poids qui est tombé de vos épaules. Imaginez la légèreté que vous ressentez. C'est la sensation d'être enfin **libre de voler**, sans le lest du passé. Votre cœur, allégé, est désormais grand ouvert aux merveilles du présent, capable d'aimer plus profondément, de rire plus fort, et de vivre avec une intensité renouvelée.

L'Art de Vivre : Créer sa Réalité, Danse de l'Authenticité

La **créativité** est bien plus qu'un simple talent ; c'est votre élan vital, votre force intrinsèque capable de transformer, d'innover, de construire. Vous avez ravivé cette flamme sacrée en vous, celle qui vous permet non seulement de vous exprimer, mais aussi de **façonner votre propre réalité**. Les blessures du passé vous ont offert une toile unique, et vous avez choisi d'y peindre les couleurs vives de votre avenir.

Vous avez découvert comment la créativité est une **force de réparation**, transformant la douleur en expression, le chaos en ordre. Vous avez appris à innover dans vos relations, à briser les vieux schémas pour construire des liens authentiques, basés sur la vérité, le respect et la communication consciente. Vous êtes devenu un **architecte de vos relations**, bâtissant des ponts solides là où il n'y avait que des murs.

Et surtout, vous avez embrassé l'**innovation existentielle**, cette capacité à créer votre propre vie, alignée avec vos valeurs les plus profondes. Vous n'êtes plus le produit de votre passé, mais le **créateur conscient de votre futur**. Chaque choix que vous faites, chaque chemin que vous explorez, est un coup de pinceau sur la toile de votre existence. Vous avez la liberté de réinventer votre quotidien, votre carrière, vos passions, en fonction de ce qui résonne avec votre âme. C'est une danse joyeuse, une exploration sans fin de ce qui vous nourrit et vous fait vibrer. Votre vie est une **œuvre d'art en constante évolution**, et vous êtes l'artiste.

La Résilience en Action : Vos Cicatrices, Vos Étoiles Guides

Ce voyage vous a révélé une vérité fondamentale : vous êtes **incroyablement résilient**. La résilience n'est pas l'absence de blessures, mais la capacité à les transformer en force.

Chaque épreuve que vous avez traversée n'était pas une punition, mais une **opportunité de vous découvrir plus fort, plus sage, plus courageux** que vous ne l'auriez jamais imaginé. Vos cicatrices ne sont pas des marques de honte, mais des **cartes d'honneur**, des rappels silencieux de tout ce que vous avez surmonté.

La **croissance post-traumatique** est la preuve éclatante de cette puissance intérieure. Vous avez transformé vos défis en empathie accrue pour les autres, en une appréciation plus profonde de la vie, en la découverte de nouvelles voies, et en un sentiment inébranlable de force personnelle. Vos expériences passées, aussi douloureuses soient-elles, ont forgé une sagesse qui vous guide aujourd'hui. Elles sont vos **étoiles guides**, illuminant votre chemin et vous rappelant d'où vous venez et tout ce que vous avez accompli.

Vous avez développé une flexibilité mentale qui vous permet de vous adapter, un optimisme réaliste qui vous pousse à voir les opportunités, et une auto-efficacité qui vous donne la confiance d'agir. Vous avez appris à prendre soin de vous, à vous entourer de soutien, et à trouver du sens même dans les recoins les plus sombres de l'existence. Vous êtes un **témoin vivant de la capacité humaine à transcender la douleur** et à en émerger non pas intact, mais magnifiquement transformé.

L'Aube Nouvelle : Une Vie Pleinement Vécue

Vous êtes à l'aube d'une vie nouvelle, une vie qui est le fruit de votre courage, de votre introspection, et de votre détermination. Vous avez semé les graines du changement, et maintenant, vous pouvez récolter les fruits d'une existence riche, joyeuse et authentique.

L'**acceptation de l'imperfection** vous a libéré du fardeau de la perfection, vous permettant de savourer chaque instant, chaque effort, sans le poids du jugement. Vous pouvez enfin vous détendre et être simplement, merveilleusement, vous. La **gratitude** est devenue votre ancrage quotidien, une source inépuisable de joie qui illumine chaque coin de votre existence, vous rappelant la beauté et l'abondance qui vous entourent, même dans les plus petits détails. Chaque respiration est un merci, chaque lever de soleil une bénédiction. L'**engagement authentique** vous guide désormais, vous permettant de vivre en totale cohérence avec vos valeurs, vos désirs les plus profonds. Vous construisez une vie qui a du sens pour vous, qui résonne avec votre cœur, et chaque pas vous remplit d'une énergie et d'une joie inouïes.

Ce chemin de guérison n'est pas un point final, mais un processus continu de croissance. Il y aura encore des défis, des doutes, des moments où l'ombre tentera de resurgir. Mais désormais, vous avez la boussole intérieure, les outils, la sagesse, et la confiance pour les traverser. Vous savez qui vous êtes, ce que vous valez, et vous êtes équipé pour naviguer dans toutes les tempêtes.

Levez la tête. Regardez le chemin parcouru, et ressentez la force immense qui vous habite. Vous êtes un témoignage vivant de la puissance de l'esprit humain à se régénérer, à se réinventer, et à éclore dans toute sa splendeur. **Votre vie est une célébration**, une danse joyeuse avec chaque instant présent.

Vous êtes libre. Vous êtes fort. Vous êtes entier.

Et le monde attend de vous voir briller.